本书由教育部人文社会科学研究青年基金项目"内、外部利益相关者视角下的公司品牌研究：概念、维度和作用机制"（项目编号：14YJC630167）、新疆维吾尔自治区普通高等学校人文社会科学基地基金项目"新疆纺织企业竞争力研究"（项目编号：050215C01）、北方工业大学优势（建设）学科项目（项目编号：XN081）、人才培养质量建设－双培计划新兴专业建设－互联网物流（专项代码16013－3）资助出版

消费者视角下的推荐系统

杨一翁◎著

知识产权出版社

全国百佳图书出版单位

图书在版编目（CIP）数据

消费者视角下的推荐系统/杨一翁著. —北京：知识产权出版社，2016.9
（工商管理学术文库）
ISBN 978 – 7 – 5130 – 4473 – 8

Ⅰ.①消… Ⅱ.①杨… Ⅲ.①电子商务—网络营销—信息系统—研究 Ⅳ.①F713.365.2

中国版本图书馆 CIP 数据核字（2016）第 224032 号

内容提要

当前，互联网与网络购物在中国蓬勃发展，推荐系统能帮助消费者更迅捷地在"信息超载"的互联网中找到合意商品，因此得到了广泛应用。基于信息系统成功模型、信息系统持续使用模型和消费者独特性需求等理论，本书探索了消费者推荐采纳意向与推荐系统持续使用意向的影响因素，检验了消费者独特性需求对推荐系统的营销效果的调节作用。本书推进了推荐系统在营销领域的研究进展，扩展了信息系统成功模型、信息系统持续使用模型和消费者独特性需求理论在网络购物环境下的应用，并对网络商家改善其推荐系统有指导意义。

责任编辑：江宜玲　　　　　　　　　　责任校对：谷　洋

装帧设计：京华诚信　　　　　　　　　责任出版：卢运霞

工商管理学术文库

消费者视角下的推荐系统

杨一翁◎著

出版发行：知识产权出版社 有限责任公司		网　　址：http://www.ipph.cn	
社　　址：北京市海淀区西外太平庄 55 号		邮　　编：100081	
责编电话：010 – 82000860 转 8339		责编邮箱：jiangyiling@cnipr.com	
发行电话：010 – 82000860 转 8101/8102		发行传真：010 – 82000893/82005070/82000270	
印　　刷：北京中献拓方科技发展有限公司		经　　销：各大网上书店、新华书店及相关专业书店	
开　　本：720mm×1000mm　1/16		印　　张：9	
版　　次：2016 年 9 月第 1 版		印　　次：2016 年 9 月第 1 次印刷	
字　　数：152 千字		定　　价：38.00 元	

ISBN 978-7-5130-4473-8

献给我的爱人赵冬梅，感谢你多年来对我的包容！

目　　录

第一章 绪 论

第一节 研究背景

近年来，互联网在中国蓬勃发展。据中国互联网信息中心（CNNIC）发布的《第 37 次中国互联网络发展状况统计报告》，截至 2015 年 12 月，中国网民规模达到 6.88 亿，高居世界第一。

2015 年 3 月 5 日，在第十二届全国人民代表大会第三次会议的开幕式上，李克强总理在政府工作报告中提出"互联网＋"行动计划，以推动移动互联网、云计算、大数据、物联网等与现代制造业结合，促进电子商务、工业互联网和互联网金融健康发展，引导互联网企业拓展国际市场。李克强总理的讲话将中国互联网的发展推向新的高潮。

借此东风，中国网络购物发展迅猛。据《第 37 次中国互联网络发展状况统计报告》，截至 2015 年 12 月，中国网络购物用户规模达到 4.16 亿，占网民的六成，增长率为 36.8%。另据商务部的统计数据，2015 年中国网络零售交易额为 3.88 万亿元，同比增长 33.3%。其中，实物商品网上零售额为 3.24 万亿元，同比增长 31.6%，高于同期社会消费品零售总额增速 20.9 个百分点，占社会消费品零售总额（30 万亿元）的 10.8%。仅在 2015 年"双十一"网购狂欢节期间，阿里巴巴网络购物平台 24 个小时的总成交额就高达 912.17 亿元。以上数据表明，"全民网购"在中国正逐渐成为现实。

网络零售商为消费者提供了包罗万象的选择，消费者在网上几乎可以买到想要的任何商品。如全球最大的综合网络购物商城亚马逊（Amazon）为消费者提供超过一千万种商品，而传统的零售巨头沃尔玛与家乐福的旗舰店提供商品的数量不超过十万种。

在如此庞大的选择集中，消费者想要找到自己合意的商品犹如大海捞针。面对网上琳琅满目、良莠不齐的商品及其相关信息，时间、精力和认知能力有限的消费者就会面临"信息超载"的难题（Arazy et al.，2010；陈明亮，蔡日梅，2009）。在此背景下，推荐系统（recommender systems）应运而生。

推荐系统是一种信息过滤技术，它能够根据当前消费者之前的搜索、浏览、收藏、购买和评价等信息输入，结合商品的属性信息，利用系统数据库中相似消费者的历史数据，通过系统算法过滤其选择，从而为当前消费者提出个性化的推荐建议。

消费者在网购时经常看到的各类推荐信息，如"购买此商品的顾客也同时购买……"（亚马逊）、"猜你喜欢……"（京东商城）和"看过本商品的人还看了……"（当当网）等，就是由购物网站后台的推荐系统给出的。

对消费者而言，推荐系统就像一位了解消费者个人偏好的私人购物助理，能够节省消费者的信息搜索成本与认知努力、帮助消费者更高效地找到合意商品，并时常能发现新奇商品，从而提高了消费者的网络购物决策质量（Häubl，Trifts，2000；Pathak et al.，2010；Ricci et al.，2011；陈明亮，蔡日梅，2009）。

对于网络商家来说，推荐系统能够帮助其低成本地实现个性化、提高销售额、销售更多种类的商品、更了解消费者偏好，并提高消费者的满意度与忠诚度（Pathak et al.，2010；Ricci et al.，2011；孙鲁平，等，2016）。

由于能够实现消费者与网络商家的"双赢"，推荐系统在各类购物网站得到了日益广泛的应用，如美国的亚马逊、巴诺书店（Barnes & Noble）、网飞公司（Netflix）以及中国的京东商城、当当网、天猫等，均在为其消费者提供个性化推荐（孙鲁平，等，2016）。

推荐系统为网络商家带来了丰厚的回报。根据199IT的数据，亚马逊依靠推荐系统每秒卖出73件商品，有超过60%的推荐建议转化为消费者的实际购买行为。知乎网的数据显示，推荐系统对于亚马逊销售额的贡献率超过30%。而根据比特网的统计，推荐系统对于当当网销售额的贡献超过1亿元。

正如《长尾理论》的作者安德森（Anderson，2008）所预言："我们正离开信息时代，而迈入推荐时代。"

第二节　现有研究的不足与本书拟解决的问题

在"互联网＋"的时代背景下，推荐系统已经成为网络商家开展电子商务的重要工具；与此同时，消费者在进行网络购物时也越来越依赖推荐系统。由于在实践中的重要性，推荐系统引起了学者们日益浓厚的研究兴趣。

推荐系统研究开始于20世纪90年代中期，是一个年轻的研究领域（Ricci et al.，2011）。相关研究最早起源于计算机与信息科学领域，主要关注推荐系统的算法优化，即如何提高推荐信息的准确性等（孙鲁平，等，2016；杨一翁，等，2016；朱岩，林泽楠，2009）。而在市场营销领域，探索推荐系统对消费者的营销效果的研究相对较少。从消费者视角来研究推荐系统，目前有以下问题悬而未决。

1. 哪些因素影响推荐系统对消费者的营销效果

现有研究主要从推荐系统使用、推荐系统特性、推荐信息特性以及推荐系统提供者的信誉等方面对该问题进行探索（Ricci et al.，2011；Xiao，Benbasat，2007；Xiao，Benbasat，2014）。现有研究大多是站在各自的角度，分别对各种影响因素进行独立的探索，分析不够全面，且缺乏理论基础（杨一翁，等，2016）。

2. 推荐系统对消费者的营销效果体现在哪些方面

现有研究主要是基于信息系统研究领域的技术接受模型（Technology Acceptance Model，TAM），探索消费者对推荐系统的感知有用性与感知易用性的影响，以及两者进一步对推荐采纳意向的影响（Davis，1989；Davis et al.，1989；Wang，Benbasat，2005；马庆国，等，2009；杨一翁，等，2016）。

然而，技术接受模型主要是用于探索用户对一项新的信息技术的初步接受意向与接受行为（高芙蓉，2010；李武，赵星，2016；杨文正，等，2015；姚公安，覃正，2010）。因此，消费者采纳推荐信息仅为推荐系统成功的短期目标（郑大庆，等，2014）。消费者在初次采纳推荐信息之后，是否愿意持续使用推荐系统，是否会因此提高对购物网站的忠诚度，这才是推荐系统成功的长期目标（郑大庆，等，2014），也是更重要的目标（郭晴，2014）。

3. 消费者的心理特征会调节推荐系统对消费者的营销效果吗

现有研究各自探索了用户特征（消费者知识等）、产品特征（产品类型：搜索型产品 & 体验型产品）和用户－推荐系统互动（消费者对推荐系统的熟悉度）等变量对于推荐系统之于消费者的营销效果的调节作用（Xiao，Benbasat，2007；Xiao，Benbasat，2014；孙鲁平，等，2016）。然而，这些研究缺少理论基础，且很少有研究探索消费者的心理特征对于推荐系统之于消费者的营销效果的调节作用。

第三节　研究意义

一、理论意义

1. 进一步推进了推荐系统在市场营销领域的研究

第一，基于信息系统成功模型，本书从三个方面（购物网站服务质量、推荐系统质量和推荐信息质量）更全面地探索了影响推荐系统对消费者的营销效果的因素。

第二，本书结合信息系统成功模型、基于信任的技术接受模型和信息系统持续使用模型等理论，通过三项独立的研究较全面地探索了与推荐系统相关的三方面特性（购物网站服务质量、推荐系统质量和推荐信息质量），对于消费者之于推荐系统的信任、感知易用性、感知有用性、满意度、持续使用意向以及消费者对购物网站的忠诚度等的影响。

第三，少有研究探索消费者的心理特征对于推荐系统之于消费者的营销效果的调节作用。本书引入心理学研究领域的消费者独特性需求理论，对这一问题进行了探索。

2. 进一步丰富了技术接受模型在推荐系统研究领域的应用

本书结合信息系统成功模型、信任理论和技术接受模型，探索了与推荐系统本身相关的三方面特性（购物网站服务质量、推荐系统质量和推荐信息质量），对信任、感知易用性、感知有用性的影响以及三者进一步对推荐采纳意向的影响。

3. 进一步拓展了信息系统成功模型的应用

信息系统成功模型认为：服务质量、系统质量和信息质量影响用户对信息系统的使用意向、使用行为和满意度，进而影响净收益。信息系统成功模型在信息系统研究领域得到了广泛的验证与应用。近年来，学者们将信息系统成功模型应用到图书馆、情报学和传播学等研究领域。然而，很少有研究将其应用到市场营销研究领域。特别是，极少有研究基于信息系统成功模型，探索推荐系统对消费者的营销效果。

结合信息系统成功模型、技术接受模型和信任理论，本书构建推荐系统成功 – 基于信任的推荐接受模型，进一步拓展了信息系统成功模型在市场营销领域与推荐系统研究领域的应用。

4. 进一步拓展了信息系统持续使用模型的应用

基于期望确认理论的信息系统持续使用模型认为：期望确认程度影响感知有用性，两者进一步影响满意度，并最终影响信息系统持续使用意向。信息系统持续使用模型在信息系统研究领域得到了广泛的验证与应用。近年来，学者们将信息系统持续使用模型应用到图书馆、情报学、新闻学、传播学和教育学等研究领域。然而，很少有研究将其应用到市场营销研究领域。特别是，极少有研究基于信息系统持续使用模型，探索推荐系统对消费者的营销效果。此外，如果消费者愿意持续使用推荐系统，他/她会因此提高对购物网站的忠诚度吗？极少有研究回答该问题。

因此，本书进一步拓展了信息系统持续使用模型在市场营销研究领域与推荐系统研究领域的应用。

5. 进一步拓展了消费者独特性需求理论在推荐系统研究领域的应用

消费者独特性需求指消费者所具有的为了发现与改善自我形象及社会形象而通过获取、使用和处置消费品来寻求区别于他人的特质，它体现为以下三个方面：创造性选择的逆反、非主流选择的逆反和回避相似性。现有研究主要是探索消费者独特性需求的影响因素，以及消费者独特性需求对消费者决策的影响。然而，较少有研究将消费者独特性需求理论应用到网络购物环境。特别是，极少有研究基于消费者独特性需求理论，探索推荐系统的使用与特性对消费者网购决策的影响。

因此，本书进一步拓展了消费者独特性需求理论在推荐系统研究领域的应用。

二、实践意义

第一，网络商家可从购物网站服务质量、推荐系统质量和推荐信息质量等方面，进一步改善与优化购物网站及其推荐系统。资源投入的优先顺序为：提高推荐信息质量、提高购物网站服务质量、提高推荐系统质量。

第二，网络商家首先应展开在线调查，以了解消费者对推荐系统的期望确认程度、感知有用性和满意度等；其次，网络商家应根据调研结果，有针对性地投入资源以提高消费者对推荐系统的期望确认程度、感知有用性和满意度，从而提高消费者对推荐系统的持续使用意向，并最终提高消费者对购物网站的忠诚度。

第三，网络商家首先应区分出不同心理特征的消费者；其次，对于不同心理特征的消费者，网络商家应展示不同推荐标签，以提高推荐信息对消费者的营销效果。

第四节　研究方案

本书的技术路线图如图 1－1 所示。

一、文献研究

作者以推荐系统（recommender system）为关键词，同时借鉴信息系统与消费者行为学等研究领域的相关理论与模型，主要使用 Google 与百度搜索引擎，以及 Emerald、JSTOR、ScienceDirect Online、Springer Link、Taylor & Francis、EBSCO 和中国知网等数据库，检索出相关文献 110 余篇，其中英文文献 50 余篇。

作者对这些文献进行了打印与阅读，并使用 EndNote X7 软件建立了电子文献库，以便随时调用与查阅文献。作者对其中 20 余篇最经典的文献进行了全文精读、反复阅读和翻译；对 80 余篇文献精读了摘要、引言、文献综述和结论部分；其余文献至少阅读了摘要部分。

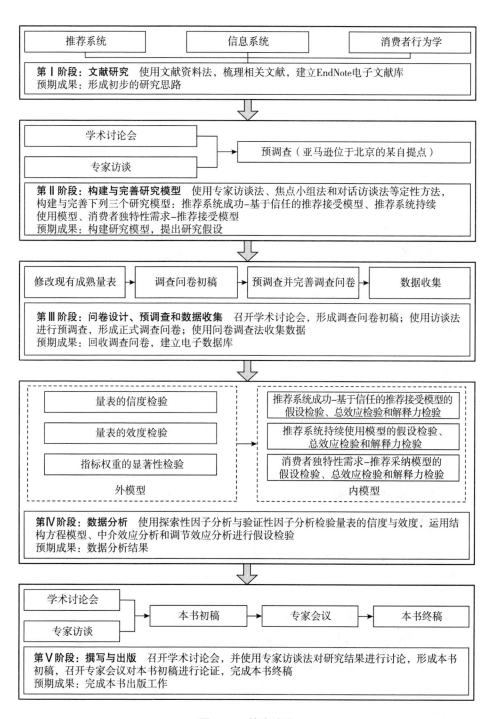

图1-1　技术路线

在此基础上，作者已完成三篇与推荐系统相关的论文的撰写与发表（含已录用），其中包括 CSSCI 期刊论文两篇、核心期刊论文一篇。这些研究成果在本研究领域内形成了一定的积淀。

二、构建与完善研究模型

1. 学术讨论会

在文献研究的基础上，作者召开了学术讨论会。学术讨论会的成员主要有作者所在高校的同事、作者的博士生导师、作者的合作研究者以及与作者一起进行研究的学生等。学术讨论会的一般形式为：首先，作者使用 PPT 报告本书的最新进展；接着，各位参与者提问；最后，使用头脑风暴法进行综合讨论。通过多次学术讨论会，作者对初步的研究思路进行了完善。

基于学术讨论会的结果，作者初步构建了推荐系统成功 – 基于信任的推荐接受模型、推荐系统持续使用模型和消费者独特性需求 – 推荐采纳模型。

2. 专家访谈

作者参加了多次高水平的学术会议，如 JMS 中国营销科学学术年会、营销科学与应用国际论坛、中国高校市场学研究会学术年会以及中国企业管理案例与质性研究论坛等。与会期间，作者对多位国内外知名学者进行了访谈，就本书的研究思路与研究模型进行了深入交流。

通过以上工作，作者构建与完善了推荐系统成功 – 基于信任的推荐接受模型、推荐系统持续使用模型和消费者独特性需求 – 推荐采纳模型，并提出了相应的研究假设。

三、问卷设计、预调查和数据收集

1. 问卷设计

本书的三个研究模型中的所有构面均有成熟的量表可以借鉴。

（1）购物网站服务质量。借鉴帕拉休拉曼等（Parasuraman et al., 2005）所开发的量表，包括网站效率、网站可用性、订单完成和隐私保护四个维度。

（2）推荐系统质量。借鉴刘倩（2011）及陈明亮和蔡日梅（2009）所使用的量表，包括推荐展示界面、推荐原因解释和互动三个维度。

（3）推荐信息质量。借鉴刘倩（2011）、周涛等（2011）及拜尔和斯图伯尔（Baier, Stüber, 2010）所使用的量表。

（4）感知易用性。借鉴周涛等（2011）所使用的量表。

（5）感知有用性。借鉴周涛等（2011）以及陈秀如（Chen, 2010）所使用的量表。

（6）信任。借鉴王和本巴萨特（Wang, Benbasat, 2005）所使用的量表，包括对推荐系统能力的信任、对推荐系统善意的信任、对推荐系统正直的信任三个维度。

（7）推荐采纳意向。借鉴拜尔和斯图伯尔（Baier, Stüber, 2010）所使用的量表。

（8）期望确认。借鉴巴塔克里（Bhattacherjee, 2001）所使用的量表。

（9）满意度。借鉴刘倩（2011）以及周涛（2011）所使用的量表。

（10）持续使用意向。借鉴巴塔克里（Bhattacherjee, 2001）所使用的量表。

（11）网站忠诚度。借鉴帕拉休拉曼等（Parasuraman et al., 2005）所使用的量表。

（12）消费者独特性需求。借鉴王长征等（2012）所使用的量表，包括创造性选择的逆反、非主流选择的逆反和回避相似性三个维度。

作者将上述测量问项整理成一套问卷，并召开学术讨论会，对每一个测量问项逐一进行审核、讨论和修改，从而得到调查问卷初稿。

2. 预调查

使用调查问卷初稿，作者运用访谈法，在亚马逊位于北京的某自提点，对亚马逊的20位消费者进行了预调查。根据预调查的结果，作者对调查问卷初稿进行了完善，从而得到正式调查问卷（见附录）。

3. 数据收集

亚马逊的推荐系统为当前在网购环境下最好的推荐系统。因此，作者以亚马逊的推荐系统为研究对象，以使用过亚马逊推荐系统的消费者为调查对象，使用问卷调查法收集数据。数据收集的过程如下：

（1）作者向选修《消费者行为学》课程的在校大学生介绍亚马逊网站及其推荐系统。

（2）作者展示各类推荐信息，如"购买此商品的顾客也同时购买……"等。

（3）作者展示推荐系统的各种特性，如推荐展示界面、推荐原因解释、互动等。

（4）作者要求大学生们在一个月内充分体验亚马逊网站及其推荐系统，并要求他们在推荐系统的帮助下完成一次网购。

（5）作者要求大学生们找一位亲朋好友，向他/她介绍亚马逊网站及其推荐系统，并帮助其完成一次网购。

（6）作者要求大学生们描述其使用推荐系统进行网购的过程、为亚马逊网站及其推荐系统提改进建议、填写问卷，并要求其亲朋好友也填写问卷。

数据收集工作历时近三个月，共收回有效问卷218份。作者将所有数据输入 SPSS 18.0 软件，建立电子数据库。

四、数据分析

作者主要使用 Smart PLS v.3.2.3 软件进行数据分析工作。

（一）外模型

在偏最小二乘结构方程模型（Partial Least Squares Structural Equation Modeling，PLS – SEM）中，指标变量与潜在构面之间的关系称为外模型。

1. 量表的信度检验

使用 Smart PLS v.3.2.3 软件，得出 Cronbach's α 系数与组成信度（Composite Reliability，CR），看两者是否大于 0.7 的限制性水平，以检验量表的信度（Nunnally，1978；Hair et al.，2014）。

2. 量表的效度检验

使用 Smart PLS v.3.2.3 软件，得出平均变异萃取量（AVE）：看 AVE 是否大于 0.5 的限制性水平，以检验量表的收敛效度（Fornell，Larcker，1981）；看每个构面的 AVE 的平方根值是否大于它与其他构面间的相关系数，以检验量表的区别效度（Hair et al.，2014）。

3. 指标权重的显著性检验

根据海尔等（Hair et al.，2014）的建议，运用 Smart PLS v.3.2.3 软件，作者采用 Bootstrapping 抽样 5000 次，看各个问项的外部权重（outer weights）是否在 α = 0.05 的显著性水平下显著，以决定各个问项是否保留。

（二）内模型

在 PLS 结构方程模型中，潜在构面之间的关系称为内模型。

1. 路径分析与假设检验

第一，结构方程模型。使用 Smart PLS v. 3. 2. 3 软件，运用结构方程模型对三个研究模型中所提出的各个假设进行检验。

第二，中介效应分析。运用 Sobel test（1982）、Aroian test（1947）和 Goodman test（1960）进行中介效应分析。

第三，调节效应分析。使用 Smart PLS v. 3. 2. 3 软件生成调节效应变量。然后，采用 Bootstrapping 抽样 5000 次，检验调节效应的显著性（萧文龙，2014）。

2. 总效应检验

运用 Smart PLS v. 3. 2. 3 软件进行总效应检验。

3. 解释力检验

根据海尔等（Hair et al. , 2014）的建议，当研究消费者行为时，若 R^2 值大于 0. 20，说明模型有较好的解释力。作者运用 Smart PLS v. 3. 2. 3 软件进行解释力检验，看各个结果变量的 R^2 值是否大于 0. 20，以检验各个模型的解释力。

通过以上工作，得到本书的数据分析结果。

五、撰写与出版

作者召开学术讨论会，对数据分析结果进行讨论，在此基础上形成研究结论。作者参加国内外学术会议与学术交流活动，就本书的研究结论对相关专家进行访谈，以进一步完善本书的各方面内容。基于此，作者撰写本书初稿。之后，作者召开专家会议，对本书初稿进行论证，从而完成本书终稿及本书的出版工作。

第二章　文献述评

第一节　推荐系统的概念、类型和作用

推荐系统研究始于20世纪90年代中期，是一个年轻的研究领域（Ricci et al.，2011）。近年来，学者们对于推荐系统的研究兴趣日益浓厚。2007年，ACM（国际计算机学会）推荐系统会议（RecSys）成立，现已成为研究与应用新的推荐技术的顶级年度盛会。推荐系统研究集中在开发与评价各种推荐算法，尤其是评价推荐的预测准确性（是否反映了用户的真实偏好）；而较少关注推荐系统对消费者的营销效果（Pathak et al.，2010；杨一翁，等，2016）。在2005年之后，学者们开始陆续在市场营销领域探索推荐系统的使用与特性对消费者的营销效果（Arazy et al.，2010；Wang，Benbasat，2005；Xiao，Benbasat，2007；陈明亮，蔡日梅，2009；刘倩，2011；马庆国，等，2009；杨一翁，等，2016）。但这样的研究相对较少，且存在一定的局限性。

一、推荐系统的概念

雷斯尼克和范里安（Resnick，Varian，1997）提出，推荐系统是一种信息系统，它利用电子商务网站向顾客提供商品信息与建议，帮助顾客决定应该购买什么商品，模拟销售人员帮助顾客完成购买决策的过程。萨瓦尔等（Sarwar et al.，1998）认为，推荐系统是一种基于用户偏好，为其提出相应推荐建议的信息系统。

从推荐系统的早期定义中可以看出，推荐系统与搜索引擎等信息检索工具

的主要区别在于：推荐系统能够主动、迅速和高效地从海量的信息中搜寻到与当前用户的偏好相关的信息。

之后，学者们从各个角度对推荐系统进行了定义。安萨里等（Ansari et al.，2000）认为，推荐系统是一种用于对大热门商品进行促销的信息中介，它使用消费者的历史偏好数据，过滤其选择，从而为当前消费者提出推荐建议。郝伯、垂丝（Häubl，Trifts，2000）认为，推荐系统是一种信息过滤技术，其工作分为两个步骤：第一步是对消费者的输入信息进行标准化处理，以得出其偏好模型；第二步是在理解消费者偏好结构的基础上，使用偏好模型为其提出个性化的推荐。汤普森等（Thompson et al.，2004）认为，推荐系统能根据消费者之前的隐式（如浏览行为）或显式（如评价行为）的偏好信息过滤出相关的项目，并为当前消费者提出推荐。王宏宇（2007）认为，推荐系统是一种决策支持系统，它收集用户对项目的推荐（反馈）意见、项目内容和用户特征等信息，用特定的知识表示方法进行处理与存储；然后利用推荐算法分析所获得的知识，针对特定用户的需求偏好为其推荐相应的项目，从而帮助用户做出正确的决策。陈明亮和蔡日梅（2009）定义推荐系统为：一种获取个体用户的产品兴趣或偏好，并或明或暗提出商品推荐的软件。

由以上关于推荐系统的定义可知，推荐系统首先需要了解与解读用户的偏好，然后才能提出可能与用户偏好相匹配的推荐建议。

推荐系统的研究热潮延续至今。里奇等（Ricci et al.，2011）指出，推荐系统是一种软件工具与技术方法，它可以向用户建议有用的物品。这些推荐通常是个性化的，不同的用户或用户组接收的建议是不同的。乔向杰和张凌云（2014）认为，推荐系统是指产生个性化的推荐，或者以个性化的方式引导用户在大量的选项中选择有趣的或有用的对象的信息系统。戴德宝等（2015）提出，推荐系统是根据消费者的个性化特征与需求并按照某种策略进行产品推荐的一种决策辅助系统。

上述关于推荐系统的最新定义表明，学者们越来越关注推荐信息的个性化这一特征，这可能是推荐系统相比于其他信息检索系统或决策辅助系统的最大优势之一。

综上所述，本书将推荐系统定义为：

推荐系统是一种信息过滤技术，它能够根据当前消费者之前的搜索、浏览、收藏、购买和评价等信息输入，结合商品的属性信息，利用系统数据库中相似消费者的历史数据，通过系统算法过滤其选择，从而为当前消费者提出个性化的推荐建议。

二、推荐系统的类型

根据产生个性化推荐所采用算法的不同，现有的推荐系统主要可分为以下六种类型。

1. 协同过滤推荐系统

协同过滤推荐系统的推荐过程类似于志趣相投的好友之间的口碑推荐（Pathak et al.，2010）。它根据相似用户的其他偏好行为为目标用户提出推荐建议。协同过滤推荐系统一般不对商品的内容或特征进行分析（孙鲁平，等，2016），其工作原理是：先找到目标用户的最近相邻用户，根据最近相邻用户的其他商品偏好信息生成目标用户对此商品的可能评价，从而依据此评价为目标用户提出推荐建议（庞秀丽，等，2008）。可见，协同过滤推荐系统的基本假设是：相似的消费者总会偏爱类似的商品（杨一翁，等，2016）。

协同过滤推荐系统可能是当前最流行与应用最广泛的推荐系统（Ricci et al.，2011；孙鲁平，等，2016），其最著名的应用是亚马逊网站的推荐信息："购买此商品的顾客也同时购买……。"

2. 基于内容的推荐系统

基于内容的推荐系统根据商品之间属性信息上的相似性，进行商品相似群体的划分，通过目标用户对某商品的偏好信息，预测出目标用户对其他相似商品的可能评价（庞秀丽，等，2008）。这种推荐系统不依赖于其他消费者的偏好信息（孙鲁平，等，2016），其工作原理是：先分析商品的属性信息，根据用户兴趣建立用户档案，根据商品属性信息进行过滤，将商品属性信息和用户档案进行匹配，基于其匹配程度来确定该信息对用户是否有价值，从而决定是否进行推荐。基于内容的推荐系统的基本假设是：相似的商品总能够吸引类似的消费者。例如，某位消费者曾经购买过《X 战警 3》，于是基于内容的推荐系统可能会为其推荐《X 战警：逆转未来》（商品属性为：同一系列）。

基于内容的推荐系统与协同过滤推荐系统均为当下在各类购物网站中应用最为广泛的推荐系统（庞秀丽，等，2008）。

3. 基于人口统计的推荐系统

基于人口统计的推荐系统根据目标用户的人口统计信息（如性别、年龄、教育程度、收入、网龄、网购经验和网购开支等）进行划分，为目标用户寻找相似的用户群体，从而找到为目标用户推荐的商品。其工作原理是：首先找到与目标用户相似的用户群体（根据其人口统计信息），然后根据相似用户对商品的偏好信息来预测目标用户对商品的评价。

4. 基于知识的推荐系统

基于知识的推荐系统根据特定的领域知识来推荐商品，这些知识是关于确定物品的哪些特征能够满足顾客的偏好与需要，以及最终确定物品是否对用户有用。这是一种从数据库中提取隐含的、未知的、潜在有用的知识或信息模式的决策支持方法，它需要提取用户和产品之间的特征与关系（估算两者的匹配度），所采用的方法是分类、聚类和关联规则等数据挖掘方法，这些知识的获取取决于知识库的建立。

5. 基于关联规则的推荐系统

基于关联规则的推荐系统是从大量的历史数据中对消费者的购买行为进行购物车分析，得出消费者经常一起购买的商品，以发现消费者的购买习惯。其主要的算法步骤是：生成关联规则，根据商品之间的关联规则以分析与挖掘商品内部之间的联系，从而为目标消费者进行商品推荐。

6. 基于效用的推荐系统

基于效用的推荐系统根据目标用户的偏好特征与商品特征之间的联系，生成商品与用户之间的效用函数，从而为目标用户进行推荐。它是建立在对用户使用产品的效用的估计上进行计算，其核心问题是：怎样为每一位用户创建一个效用函数。基于效用的推荐系统的优点是：它能把非产品因素，如供应商的可靠性与产品的可获得性等因素考虑进效用的计算中。

上述推荐系统的算法虽然各不相同，但根据其算法所蕴含的潜在假设，它们大致可以分为以下两种类型。

第一种类型的推荐系统的基本假设是："相似的消费者偏爱类似的商品。"这些推荐系统根据消费者之间的相似性，如偏好信息（浏览、收藏、购买和评价等）或人口统计信息（如性别、年龄、收入和网购开支等）等信息去寻找与目标消费者相似的消费者群体，然后把这些相似消费者的其他偏好商品推荐给目标消费者。这类推荐系统的主要优点是总能帮助目标消费者发现意料之外的新奇商品；其主要缺点是在消费者刚开始使用推荐系统的初始阶段，由于缺少消费者的偏好信息，推荐系统存在"冷启动"问题，很难做出精准的推荐。

第二种类型的推荐系统的基本假设是："相似的商品总能吸引类似的消费人群。"这些推荐系统依据商品之间的相似性或关联性，将属性相似或关联性强的商品推荐给目标用户。这类推荐系统能够有效克服"数据稀疏"与"冷启动"难题；但其主要缺点是推荐的资源过于专门化，很难帮助消费者发现意料之外的新奇商品，很难给予消费者惊喜（庞秀丽，等，2008）。例如，当一位消费者只评价了斯皮尔伯格执导的电影时，那么他/她得到的推荐可能就只有这种类型的电影，而很难发现他/她可能喜欢的新锐导演执导的电影。另外，这类推荐系统也不适合复杂商品的推荐（孙鲁平，等，2016）。

由于以上两种类型的推荐系统均存在一些缺点，一些推荐系统就结合了两者的算法以产生推荐，这类推荐系统被称为混合推荐系统（孙鲁平，等，2016）。

除了按照推荐系统的工作原理分类之外，也有学者根据用户获得推荐信息的自动化程度与持久性程度对推荐系统进行了分类（Schafer et al.，1999；孙鲁平，等，2016）。

自动化程度指用户为了得到推荐信息是否需要显式的信息输入，如手动输入个人资料信息与评价信息等。自动化程度的范围从完全自动化推荐（如"五星图书榜"）到完全手动化推荐（如"根据您的产品评价向您推荐以下产品"）。

持久性程度指推荐信息是基于用户当前的单个会话还是基于用户历史的多个会话。持久性程度的范围从完全暂时性的推荐到完全永久性的推荐。完全暂时性的推荐基于用户的单个会话，而无视此用户此前的会话信息（如"浏览该产品的客户还浏览了以下产品"）；完全永久性的推荐则是基于用户的多个会话（如"根据您的购买历史向您推荐以下产品"）。

三、推荐系统的作用

（一）推荐系统对于消费者的作用

1. 帮助消费者更高效地找到合意商品

面对琳琅满目、良莠不齐的商品及其相关信息，时间、精力和认知能力有限的消费者在网络购物时会遭遇"信息超载"的难题（陈明亮，蔡日梅，2009），想要找到合意商品犹如大海捞针。因此，作为一种解决"信息超载"难题的有效工具，搜索引擎在各大网络购物平台得到了广泛应用。

但只使用搜索引擎辅助消费者进行网络购物有两大局限性。第一，被动性。只有知道自己的真正需求，并主动进行搜索，消费者才可能找到自己合意的商品。第二，专业性。只有具有丰富的购买经验的消费者才懂得以恰当的关键词进行搜索，并从鱼龙混杂的搜索结果中仔细辨别出自己真正需要的商品。但很多时候，消费者意识不到自己的潜在需求，也不具备丰富的购买经验，此时消费者仅使用搜索引擎很难找到自己合意的商品。

相比于搜索引擎，推荐系统的优势在于：能发现消费者的潜在需求，并主动为其提出推荐建议，从而使其网络购物变得更容易（Wang，Benbasat，2005）。因此，综合使用搜索引擎与推荐系统，消费者能更高效地找到合意商品，节省时间、精力成本，从而在很大程度上克服"信息超载"的难题（Wang，Benbasat，2005；陈明亮，蔡日梅，2009）。

2. 帮助消费者发现新奇商品

一些类型的推荐系统（如协同过滤推荐系统）的工作原理是：首先找到与当前消费者相似的用户，然后把这些用户的其他相关偏好商品推荐给当前消费者。因此，这些推荐系统时常能推荐一些新奇商品给当前消费者，挖掘之前连消费者自己都未意识到的潜在需求，给予消费者意料之外的惊喜。

由于以上作用，总体而言，推荐系统提高了消费者网络购物决策的质量（Häubl，Trifts，2000；Pathak et al.，2010；Ricci et al.，2011；陈明亮，蔡日梅，2009）。

（二）推荐系统对于网络商家的作用

1. 增加销售额

在进入购物网站后，消费者可能会看到各式各样的推荐信息，如"与您浏览过的商品相关的推荐"（亚马逊）与"猜你喜欢"（京东商城、淘宝网、苏宁易购）等。这些推荐信息会吸引消费者眼球并刺激其购买欲望。如果消费者对推荐的商品感兴趣，他/她可能就会开始进一步的购买决策。因此，推荐系统能够增加商品销量，从而帮助网络商家提高销售额（Pathak et al.，2010；孙鲁平，等，2016）。

2. 销售更多种类的商品

一些类型的推荐系统（如协同过滤推荐系统）的工作原理是：首先找到与当前消费者相似的用户，然后把这些用户的其他相关偏好商品推荐给当前消费者。而每位消费者可能都会有一些不太符合大众口味的"冷门"偏好，如果当前消费者发现自己也喜欢这些"冷门商品"，那么推荐系统就有可能提高冷门商品的销量，从而帮助网络商家销售更多种类的商品。

3. 提高顾客忠诚度

相比于传统的购物环境，消费者在网络购物环境下转换网络商家的成本很低（Wang，Benbasat，2005），他/她可能仅仅因为同一件商品在另一家网店略为便宜就去那家购买，这导致网络商家保持顾客忠诚度十分困难。

很多推荐系统是使用用户之前与购物网站的交互信息（如浏览、收藏、购买和评价等）来产生推荐结果。推荐系统就像一位私人购物助理，随着消费者与购物网站之间交互的增多，会变得越来越了解消费者的偏好，从而为当前消费者做出日益精准的推荐。此时，因为很难再找到这样贴心、得力的私人购物助理，消费者的网络商家转换成本就会增加（Pathak et al.，2010；孙鲁平，等，2016）。一旦消费者觉得自己再也离不开推荐系统这样的私人购物助理，他/她就会与推荐系统形成一种密不可分的"人际关系"（Wang，Benbasat，2005），从而就会越来越多地在该网店进行购买，即使商品价格略高也在所不惜。因此，推荐系统能帮助网络商家提高顾客忠诚度。

综上所述，推荐系统能够帮助消费者更高效地找到合意商品、发现新奇商品，从而提高了消费者网络购物决策的质量（Häubl，Trifts，2000；Pathak et al.，2010；Ricci et al.，2011；陈明亮，蔡日梅，2009）。与此同时，推荐系统还能够帮助网络商家提高销售额、销售更多种类的商品，并提高顾客忠诚度（Pathak et al.，2010；Ricci et al.，2011；孙鲁平，等，2016）。由于能实现消费者与网络商家的"双赢"，推荐系统在各类购物网站中得到了日益广泛的应用，如美国的亚马逊、巴诺书店、网飞公司及中国的京东商城、当当网、天猫等，均在为其消费者提供个性化推荐（孙鲁平，等，2016）。

第二节　推荐系统对消费者的营销效果

现有推荐系统研究主要集中在计算机与信息科学研究领域，关注推荐系统的算法优化，即如何提高推荐信息的准确性等（孙鲁平，等，2016；杨一翁，等，2016）；而较少有研究在市场营销研究领域探索推荐系统对消费者的营销效果。自2005年之后，学者们开始意识到这一问题，开始关注推荐系统对消费者的营销效果（Arazy et al.，2010；Wang，Benbasat，2005；Xiao，Benbasat，2007；陈明亮，蔡日梅，2009；刘倩，2011；马庆国，等，2009；杨一翁，等，2016）。现有研究主要是基于技术接受模型，探索推荐系统的使用对感知有用性与感知易用性的影响，进而分析感知有用性与感知易用性对推荐采纳意向的影响。

一、技术接受模型

戴维斯等（Davis et al.，1989）将社会心理学中的理性行为理论（Theory of Reasoned Action，TRA）（Fishbein，Ajzen，1975）应用到信息系统研究领域，提出技术接受模型（Technology Acceptance Model，TAM），见图2-1。

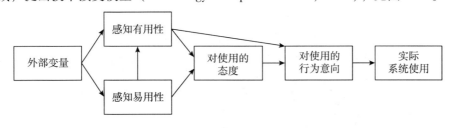

图2-1　技术接受模型（TAM）

资料来源：根据 Davis et al.（1989，p. 985，Figure 2）的原图，由作者重新编绘而成。

感知有用性指用户主观上认为使用新技术能提高其工作绩效的程度，是一个结果与绩效预期。感知易用性指用户主观上认为使用新技术需付出的努力程度，是一个过程与努力预期（高芙蓉，2010；高芙蓉，高雪莲，2011）。

在用户刚开始接触新信息系统的初始阶段，感知易用性对使用意向的直接影响较强；随着用户与信息系统交互的日益频繁及使用经验的不断增加，感知易用性对使用意向的直接影响逐渐减弱，直至只能通过感知有用性间接影响使用意向。此时，感知有用性成为使用意向的主要决定因素（高芙蓉，2010；高芙蓉，高雪莲，2011）。

外部变量包括系统设计特征（如菜单、图标、鼠标和触摸屏等）、用户特征、任务特征、开发或执行过程的本质、培训、政策影响和组织结构等。

技术接受模型表明，信息技术的使用行为由行为意向决定；行为意向由用户的态度与感知有用性决定；态度由感知有用性与感知易用性共同决定；感知有用性受感知易用性与外部变量的影响；感知易用性也受外部变量的影响。

技术接受模型提出之后得到了极为广泛的验证、支持和应用，被普遍认为是全面、简洁、解释力强和可操作性强的理论（杨文正，等，2015）。据Google 学术统计，戴维斯等（Davis et al.，1989）的经典研究的被引量已超过1.6 万次，是目前被引用次数最多的学术文章之一。现在，技术接受模型已经成为解释、诊断和预测用户对新的信息技术的接受程度的基础理论（高芙蓉，2010；杨文正，等，2015；姚公安，覃正，2010）。

后来，为了提高技术接受模型的适应性、解释力和应用范围等，学者们又陆续提出了技术接受扩展模型（TAM2）（Venkatesh，Davis，2000）、技术接受和使用统一模型（UTAUT）（Venkatesh et al.，2003）和技术接受模型 3（TAM3）（Venkatesh，Bala，2008）。虽然经过了多次的扩展、延伸和完善，但技术接受模型的核心结构不变，即：用户对新的信息系统的感知易用性决定其对该信息系统的感知有用性；两者共同决定用户对信息系统的使用意向；使用意向最终决定用户对信息系统的实际使用行为（见图 2 - 2）。

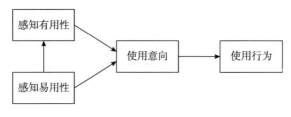

图 2 - 2 技术接受模型的核心结构

资料来源：根据作者理解，由作者编绘而成。

刚开始，技术接受模型主要是探索在工作场合员工对新的信息技术的使用意向与实际使用行为，后来被广泛地应用到各个研究领域（杨一翁，等，

2016）。具体到营销领域，也有一些研究基于技术接受模型，探索信息系统的使用与特性对消费者的营销效果。

二、基于技术接受模型的相关研究

基于技术接受模型、发生认识理论和自我知觉理论，并结合中国社会信任建立的特点，姚公安和覃正（2010）提出了消费者对电子商务企业信任保持过程体验的影响机制模型。通过使用问卷调查法收集数据，并运用结构方程模型分析数据，姚公安和覃正（2010）发现：信息搜索满意度与网络购物满意度均通过感知企业网站的感知易用性、感知有用性和感知安全性影响消费者对电子商务企业的信任（见图2-3）。

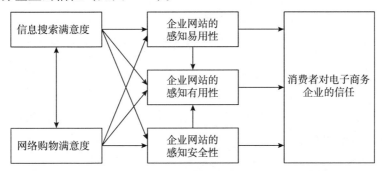

图 2 - 3　消费者对电子商务企业信任保持过程体验的影响机制

资料来源：根据姚公安和覃正（2010，p. 101，图3）的原图，由作者重新编绘而成。

基于技术接受模型与风险理论，谢刚等（2011）探索了中国格尔木网络购物采纳意向的影响因素（见图2-4）。

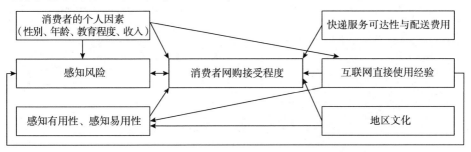

图 2 - 4　格尔木网络购物采纳意向的影响因素模型

资料来源：根据谢刚等（2011，p. 137，图1）的原图，由作者重新编绘而成。

基于网络购物的角度，谢刚等（2011）定义感知有用性为消费者认为网络购物能够获取更多的产出与绩效的程度；感知易用性指消费者认为网络购物能够节省时间、精力、快捷方便的程度。

面向格尔木市的在职人员，通过使用问卷调查法收集数据，并运用结构方程模型分析数据，谢刚等（2011）发现：①消费者网购接受态度除了受到感知有用性、感知易用性的影响，还受到消费者的个人因素（性别、年龄、教育程度、收入）、互联网直接使用经验和地区文化的影响，但各个影响因素的显著程度不同；②感知风险对消费者网购接受程度没有显著的影响；③快递服务可达性与配送费用对消费者网购接受程度没有显著的影响；④消费者的个人因素（性别、年龄、教育程度、收入）对感知风险没有显著的影响。

结合技术接受模型与参照群体理论，蒋艳梅和赵文平（2011）探索了消费者首次进行网络购物时参照群体的三种影响（网站选择与使用影响、产品选择影响、价值表达影响）对技术接受模型的各个变量的影响机制。通过使用问卷调查法收集数据，并运用结构方程模型分析数据，蒋艳梅和赵文平（2011）发现，在首次进行网络购物时：①参照群体对消费者的网站选择与使用影响显著地正向影响消费者的感知易用性、网站使用意向、购买行为意向和实际购买行为；②参照群体对消费者的产品选择影响显著地正向影响购买行为意向；③参照群体对消费者的价值表达影响显著地正向影响感知有用性、感知易用性、网站使用意向和购买行为意向（见图2-5）。

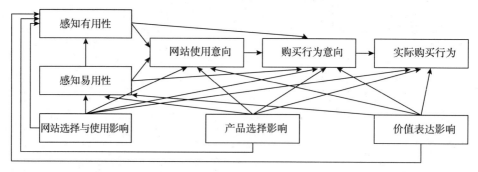

图2-5　参照群体影响-技术接受模型

资料来源：根据蒋艳梅和赵文平（2011）的论述，经作者理解，由作者编绘而成。

基于技术接受模型，耿波（2012）探索了消费者网络购物意向的影响因素。通过使用问卷调查法收集数据，并运用回归分析处理数据，耿波（2012）发现：①感知网络购物有用性、感知网络购物易用性、感知社会群体影响、感知网络购物服务质量和感知网络购物安全可靠性均显著地正向影响消费者的网络购物意向；②上述五个因素中，对消费者网络购物意向影响最大的是感知网络购物安全可靠性（见图2-6）。

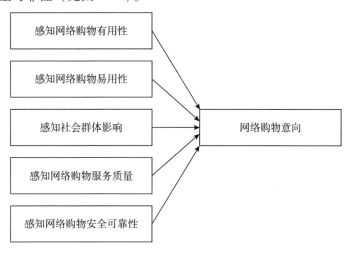

图2-6　网络购物意向主要影响因素模型

资料来源：根据耿波（2012，p.106，图2）的原图，由作者重新编绘而成。

然而，少有研究基于接受模型，探索推荐系统的使用与特性对消费者的营销效果。自2005年之后，才开始陆续有学者进行尝试。

王和本巴萨特（Wang, Benbasat, 2005）认为，消费者对推荐系统的信任是决定消费者是否采纳推荐建议的关键因素。王和本巴萨特（Wang, Benbasat, 2005）将人与人之间的信任扩展到用户对于推荐系统的信任，提出：就像人与人之间的信任一样，用户对于推荐系统的信任也包括三个维度，即能力信仰、善意信仰和正直信仰。能力信仰（competence - belief）指用户相信推荐系统有能力、技巧和专业性，从而能够高效地提出推荐建议。善意信仰（benevolence - belief）指用户相信推荐系统会关心他/她，并且以他/她的利益（而不是代表网络商家或制造商的利益）运行。正直信仰（integrity - belief）指用户相信推荐系统会坚持一套他/她可接受的原则，如诚实与信守承诺等。

将信任整合进技术接受模型，王和本巴萨特（Wang, Benbasat, 2005）提出信任－技术接受模型（Trust－TAM），见图2－7。

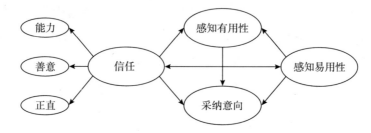

图2－7　信任－技术接受模型（Trust－TAM）

注：①资料来源：根据王和本巴萨特（2005，p.84，Figure 3）的原图，由作者重新编绘而成。

　　②信任为二阶构面，包括能力、善意和正直三个一阶构面。

通过使用实验室实验研究方法收集数据，并运用PLS结构方程模型分析数据，王和本巴萨特（Wang，Benbasat，2005）发现：①用户对推荐系统的感知易用性显著地正向影响对其推荐系统的信任；②感知易用性与信任均显著地正向影响用户对推荐系统的感知有用性；③信任与感知有用性均显著地正向影响用户对推荐系统的采纳意向；④但感知易用性对采纳意向的影响不显著。

那么，什么因素影响消费者对推荐系统的感知易用性、信任和感知有用性？王和本巴萨特（Wang，Benbasat，2005）的研究没有回答。

基于技术接受模型、情绪心理学和神经科学等理论，马庆国等（2009）以一个电子商务推荐系统为例，探索了用户的积极情绪对其信息技术采纳意向的影响。通过选取泡泡网的电子商务推荐系统作为实验平台，使用实验设计法收集数据，并运用线性回归的方法验证各条假设，马庆国等（2009）发现：①技术接受模型的核心结构（见图2－2）不会受用户情绪变化的影响，即技术接受模型在用户情绪的影响下依然成立；②感知有用性与感知易用性受用户积极情绪的正向影响；③用户的积极情绪可以直接影响用户对新的信息技术的采纳意向；④用户的积极情绪可以降低用户对新的信息技术的感知风险，而感知风险作为不完全中介变量，它的降低又可以提高用户的采纳意向（见图2－8）。

然而，在实际的网络购物过程中，网络商家较难操控消费者的情绪。且哪些与推荐系统本身相关的因素影响感知有用性与感知易用性，该研究没有回答。

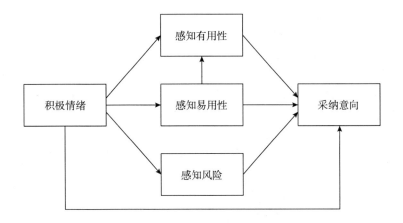

图 2 - 8　积极情绪对采纳意向的影响模型

资料来源：根据马庆国等（2009，p.1559，图1）的原图，由作者重新编绘而成。

结合购买决策信息处理理论、技术接受模型和 IT 信任形成理论，陈明亮和蔡日梅（2009）构建了推荐系统购买决策影响力模型（见图 2 - 9）。

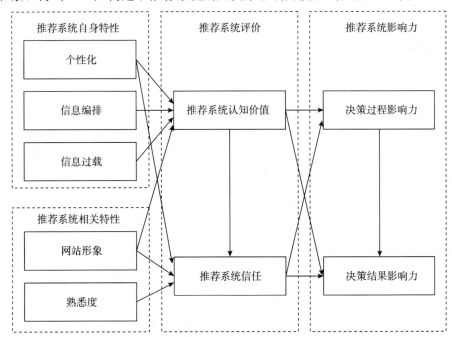

图 2 - 9　推荐系统购买决策影响力模型

资料来源：根据陈明亮和蔡日梅（2009，p.143，图1）的原图，由作者重新编绘而成。

该模型的作用路径可以总结为：推荐系统自身特性→推荐系统评价→推荐系统影响力。

推荐系统评价包括推荐系统认知价值与推荐系统信任两方面。推荐系统认知价值指消费者对推荐系统的使用给其带来的整体效用的主观评价，包括消费者对推荐系统的感知有用性与感知易用性两部分。推荐系统信任指消费者对推荐系统按承诺诚实履行代理任务（为消费者提供个性化的商品推荐建议）的一种期望，包括能力信任与品质信任两部分。

可见，与王和本巴萨特（Wang，Benbasat，2005）的研究类似，陈明亮和蔡日梅（2009）也是结合技术接受模型与信任理论构建理论模型。不同的是，陈明亮和蔡日梅探索了与推荐系统本身相关的因素（推荐系统自身特性、推荐系统相关特性）对感知有用性、感知易用性和信任的影响。

陈明亮和蔡日梅（2009）还认为，推荐系统的使用既影响消费者的购买决策过程，也影响其购买决策结果，两者统称为推荐系统影响力（推荐系统的使用对于消费者购买决策的影响）。

消费者的购买决策过程可以分为三个阶段：信息检索阶段、考虑集形成阶段和最终选择阶段。在信息检索阶段，推荐系统影响消费者对产品的评价与偏好函数；在考虑集形成阶段，推荐系统影响消费者的考虑集形成策略；在最终选择阶段，推荐系统影响消费者的产品选择策略。推荐系统对消费者购买决策结果的影响在于以下三个方面：最终产品选择、决策质量和决策自信。

通过使用问卷调查法，面向网上购物族收集数据，并运用结构方程模型分析数据，陈明亮和蔡日梅（2009）发现：①推荐系统对消费者的决策过程及结果的影响力由推荐系统认知价值与推荐系统信任决定；②推荐系统认知价值取决于推荐系统所嵌入的网站形象、推荐内容的个性化程度和推荐信息编排的合理性程度，其中推荐内容的个性化程度的影响最大；③推荐系统信任取决于推荐系统认知价值、推荐内容的个性化程度、网站形象以及消费者对推荐系统的熟悉度，其中推荐系统认知价值对于推荐系统信任的影响最大。

然而，陈明亮和蔡日梅（2009）提出的影响推荐系统评价的两大因素（推荐系统自身特性、推荐系统相关特性）缺少理论基础。其中，推荐系统相关特性包括网站形象（平台特性）与消费者对推荐系统的熟悉度（消费者特性）两方面。根据杰洛涅和麦克莱恩（DeLone，McLean，2003）的信息系统成功模型，陈明亮和蔡日梅（2009）的研究仅考虑了推荐系统特性与网站平台特性两方面影响因素，而没有考虑推荐信息特性。另外，有研究认为，消费者对推荐系统的熟悉度是推荐系统的使用及特性与推荐系统评价之间关系的调节变量（Xiao，Benbasat，2007），而不是推荐系统评价的原因变量。

刘倩（2011）认为，在顾客与电子商务企业进行个性化交互的过程中，两者的关系可以分为以下三个阶段：关系吸引阶段、关系建立及保持阶段和关系衰退阶段。在两者关系发展的不同阶段，顾客行为存在差异，且对外界刺激的反应也存在差异。

首先，以基于信任的技术接受模型（Trust - TAM）为理论基础，刘倩（2011）构建了包含技术因素与关系因素在内的关系吸引阶段个性化推荐系统对消费者决策的影响模型。通过使用问卷调查法收集数据，并运用 PLS 结构方程模型分析数据，刘倩（2011）发现：①处于吸引阶段的顾客，其行为主要是经由感知层对外部刺激做出的反应；②同时，初始信任的建立也对客户关系的进一步发展奠定了基础（见图 2 - 10）。

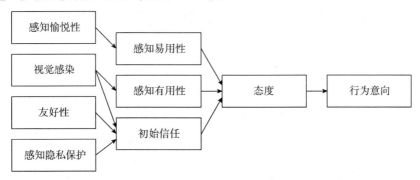

图 2 - 10 关系吸引阶段个性化推荐系统对消费者决策的影响模型

资料来源：根据刘倩（2011，p. 48，图 4 - 1）的原图，由作者重新编绘而成。

其次，基于信任 - 承诺理论（Trust - Commitment），刘倩（2011）构建了关系建立及保持阶段个性化推荐系统对消费者决策的影响模型。通过使用问卷调查法收集数据，并运用 PLS 结构方程模型分析数据，刘倩（2011）发现：在顾客与电子商务企业发生实际的交互关系之后，要形成稳定的客户关系，需要借助情感纽带的产生，通过外部刺激形成情感层反应，继而影响顾客行为（见图 2 - 11）。

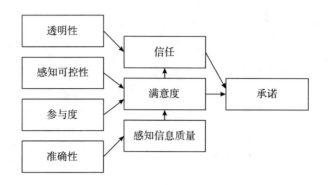

图 2 – 11　关系建立及保持阶段个性化推荐系统对消费者决策的影响模型

资料来源：根据刘倩（2011，p.64，图5–1）的原图，由作者重新编绘而成。

　　最后，基于理性行为理论（Theory of Reasoned Action，TRA），并引入习惯控制因素与好奇控制因素来解释处于关系衰退阶段的顾客行为特征，刘倩（2011）构建了关系衰退阶段的个性化推荐系统对消费者决策的影响模型。通过使用问卷调查法收集数据，并运用 PLS 结构方程模型分析数据，刘倩发现：利用已有的情感纽带以及提供刺激形成再唤醒会影响顾客态度，进而影响顾客再购买意向（见图2–12）。

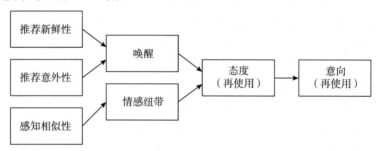

图 2 – 12　关系衰退阶段个性化推荐系统对消费者决策的影响模型

资料来源：根据刘倩（2011，p.80，图6–1）的原图，由作者重新编绘而成。

　　总结以上，以基于信任的技术接受模型、信任 – 承诺理论和理性行为理论等为基础，刘倩构建了顾客与电子商务企业的关系吸引阶段、关系建立及保持阶段、关系衰退阶段的三个研究模型，发现在不同的关系发展阶段，推荐系统或推荐信息的不同特性会影响消费者决策。然而，其对各个阶段影响因素的引入缺乏理论基础。

基于技术接受模型，杨一翁等（2016）构建了一个影响模型，探索了推荐系统特性与推荐信息特性对感知易用性、感知有用性的影响以及两者进一步对推荐采纳意向的影响（见图2-13）。

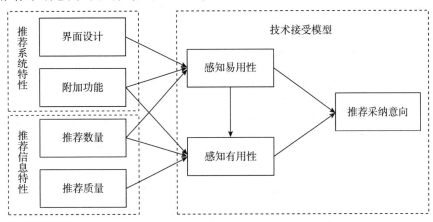

图2-13　推荐系统特性与推荐信息特性对推荐采纳意向的影响模型

资料来源：根据杨一翁等（2016，p.101，图2）的原图，由作者重新编绘而成。

杨一翁等（2016）认为：①推荐系统特性包括界面设计与附加功能两方面。界面设计指推荐系统界面设计的清晰性、舒适性和合理性以及是否提供排序功能等。附加功能包括提供推荐原因解释、与消费者互动以及展示推荐商品的详细信息等。②推荐信息特性包括推荐信息的数量与质量两方面。推荐信息的数量指推荐列表中推荐的产品与品牌的数量。推荐信息的质量主要包括推荐信息的准确性与新颖性等。

通过以当当网的消费者为调查对象收集数据，运用PLS结构方程模型分析数据，杨一翁等（2016）发现：①界面设计对感知易用性无显著影响；②附加功能对感知易用性有显著正向影响，对感知有用性无显著影响；③推荐数量对感知有用性与感知易用性均有显著正向影响；④推荐质量对感知有用性有显著正向影响；⑤感知易用性对感知有用性有显著正向影响，对推荐采纳意向无显著影响；⑥感知有用性对推荐采纳意向有显著正向影响。

杨一翁等（2016）探索了与推荐系统相关的因素（推荐系统特性与推荐信息特性）对感知有用性与感知易用性的影响，推进了推荐系统在市场营销领域的研究进展。

然而，该研究缺乏理论基础，是否有其他与推荐系统相关的因素会影响感知有用性与感知易用性，如推荐系统能不能脱离其嵌入的购物网站而独立发挥作用？购物网站特性，如网站效率、网站可用性、订单完成和隐私保护等（Parasuraman et al.，2005），是否也会影响感知有用性与感知易用性？该研究没有回答，且缺少理论支撑。

三、推荐系统对销售多样性的影响

长尾理论指出：在网购环境下，需求与销量不高的冷门商品所占据的共同市场份额可和主流商品的市场份额相匹敌，甚至更大（Anderson，2008）。

推荐系统的应用使网络商品的销售产生两种不同趋势："峭尾现象"与"长尾现象"。峭尾现象指在推荐系统的引导下，消费者为了降低购买风险，更关注热门商品（Fleder，Hosanagar，2009）。长尾现象指由于消费者选择的极大增多与推荐系统的引导作用，消费者越来越关注冷门商品（Anderson，2008；Pathak et al.，2010）。

为什么会出现上述两种截然不同的趋势？这可能是由于推荐系统类型的不同所导致的。基于内容的推荐系统为消费者推荐与其过去的偏好属性相似的商品（Burke，2002；Ricci et al.，2011），推荐列表常按特定属性及其重要性权重对推荐商品进行排序，因此那些销量大、评价好和人气旺的商品常位于推荐列表的顶端，也更容易被消费者注意到与购买。因此，基于内容的推荐系统可能导致峭尾现象的产生（Cai et al.，2009）。协同过滤推荐系统将相似消费者的其他偏好商品推荐给当前消费者（Burke，2002；Ricci et al.，2011），这有助于消费者发现新奇商品，导致增加冷门商品的销售额。因此，协同过滤推荐系统可能导致长尾现象的产生（Pathak et al.，2010）。

第三节　对现有文献的评价

现有研究主要关注推荐系统的算法优化，即如何提高推荐信息的准确性等；而较少在市场营销研究领域探索推荐系统对消费者的营销效果（孙鲁平，等，2016）。

在 2005 年之后，学者们才开始逐渐在市场营销领域探索推荐系统的使用与特性对消费者的营销效果（Arazy et al.，2010；Wang，Benbasat，2005；Xiao，Benbasat，2007；陈明亮，蔡日梅，2009；刘倩，2011；马庆国，等，2009；杨一翁，等，2016）。这些研究大多是以技术接受模型为理论基础（Davis et al.，1989），探索感知有用性与感知易用性对推荐采纳意向的影响。从消费者视角来研究推荐系统，现有文献存在以下三方面研究缺口。

（1）哪些与推荐系统本身相关的因素影响感知有用性与感知易用性？一些研究没有回答这一问题（Wang，Benbasat，2005；马庆国，等，2009）；另一些研究做了部分解答，但是分析得不够全面，且缺乏理论基础（陈明亮，蔡日梅，2009；刘倩，2011；杨一翁，等，2016）。

（2）技术接受模型主要是探索消费者对推荐系统作为一种新的信息技术的初始采纳意向及行为。然而，在消费者初次采纳推荐信息之后，是否愿意持续使用推荐系统，是否会由于觉得离不开推荐系统而提高其对购物网站的忠诚度？很少有研究能回答这些问题。

（3）不同心理特征的消费者对同样的推荐信息的采纳意向可能不一样。例如，当看到"购买此商品的顾客也同时购买……"（亚马逊）这样的推荐信息时，部分缺乏主见、从众倾向较高的消费者可能认为大家都在购买的商品肯定不错，从而倾向于采纳并考虑购买推荐的商品；而另一部分有主见的、品位独特的消费者则可能会觉得与其他人购买一样的商品体现不出自己独一无二的个性与品位，从而倾向于拒绝这样的推荐信息。然而，很少有研究探索消费者的心理特征对于推荐系统之于消费者的营销效果的调节作用。

为了弥补上述现有研究的局限性，作者引入信息系统研究领域的信息系统成功模型、基于期望确认理论的信息系统持续使用模型以及消费者行为研究领域的消费者独特性需求理论，构建了三个研究模型，开展了三项独立的研究。

第三章　推荐系统成功 –
基于信任的推荐接受模型

第一节　理论基础

一、信息系统成功模型

（一）信息系统成功模型的提出与发展

1. 信息系统成功模型的提出

杰洛涅和麦克莱恩（DeLone，McLean，1992）首次提出了信息系统成功模型（DeLone and McLean Information Systems Success Model），该模型中共包括系统质量、信息质量、使用、用户满意度、个体影响和组织影响六个变量（见图 3 –1）。

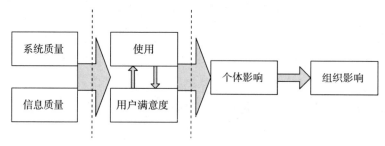

图 3 – 1　信息系统成功模型

资料来源：根据 DeLone and McLean（1992，p. 87，Figure 2）的原图，由作者重新编绘而成。

　　信息系统成功模型提出之后得到了广泛的验证、推广和应用，在 1993—2002 年，有近 300 篇期刊论文参考、使用和修正了该模型。据 Google 学术统计，杰洛涅和麦克莱恩的这篇经典研究的被引量超过 9400 次，影响力巨大。

2. 信息系统成功模型的发展

在信息系统成功模型提出十年之后，信息系统的应用与实践发生了剧烈的变化，特别是电子商务的出现与爆炸式增长。于是，在梳理关于应用、验证、挑战和改进信息系统成功模型的文献基础上，杰洛涅和麦克莱恩（DeLone，McLean，2003）进一步提出了更新的信息系统成功模型，加入了"服务质量"这个新的外部影响因素变量以及"使用意向"这个新的结果变量，并将"个人影响"与"组织影响"合并为"净收益"。更新的信息系统成功模型认为，信息系统的特性包括以下三个方面：信息质量（information quality）、系统质量（system quality）和服务质量（service quality）（见图 3 – 2）。

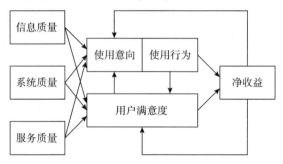

图 3 – 2 更新的信息系统成功模型

资料来源：根据 DeLone and McLean（2003，p. 24，Figure 3）的原图，由作者重新编绘而成。

在网络环境下，"系统质量"反映的是信息系统的性能或期望的特征。可用性、有效性、可靠性、适应性和响应时间（如下载时间）等均被用户用于评价一个信息系统的特性。

"信息质量"反映的是与电子商务的内容相关的问题，是信息系统的输出质量（张星，等，2016）。胡等（Huh et al.，1990）认为，信息质量包括四个维度：准确性、完整性、一致性和及时性。纳尔逊等（Nelson et al.，2005）认为，信息质量包括四个维度：准确性、完整性、及时性和格式。可见，学者们的观点是类似的。网页内容应该是个性化的、全面的、相关的、容易理解的和安全的。如果公司期望潜在的买家与供应商在网上开展业务并经常回访公司的网站，以上网页内容的特性十分重要。

"服务质量"指服务供应商提供的整体支持，这些支持的提供者包括信息系统部门、新的组织单位或网络服务供应商（ISP）等。服务质量反映的是用户对服务的规范性期望与感知的服务性能的差异程度（张星，等，2016）。服务质量可用准确性、移情性和响应性来进行测量。克廷格和李（Kettinger, Lee, 1994）提出，服务质量包括四个维度——可靠性、响应性、准确性和移情性，增加了"可靠性"这个维度。而帕拉休拉曼等（Parasuraman et al., 2005）认为，网站服务质量包括网站效率、网站可用性、订单完成和隐私保护四个维度。如果用户成为公司的顾客，那么服务质量的重要性更胜以往，因为低水平的用户支持可能导致顾客的流失与销量的损失。因此，杰洛涅和麦克莱恩（DeLone, McLean, 2003）将服务质量加入信息系统成功模型中作为一个新的原因变量，从而更准确地考虑了信息系统的使用对用户服务的感受，更强调了用户在信息系统使用中的地位（王文韬，等，2014）。

"使用意向"是在初始模型的基础上新加入的一个结果变量，突出了用户使用信息系统后的感受（王文韬，等，2014）。

"使用行为"测量的是如下行为：访问网站、浏览网页、信息搜索、访问的网站数量和交易次数等。

"用户满意度"仍然是测量顾客对于电子商务系统的评价的重要指标，它应该包括完整的用户体验周期，即信息搜索、购买、支付、收货和服务。用户满意度可用重复购买率、重复访问率和用户调查来进行评估。

"净收益"代替了初始模型中的"个人影响"与"组织影响"。杰洛涅和麦克莱恩（DeLone, McLean, 2003）给出的解释是：信息系统的个人影响或组织影响可能是正面的也可能是负面的，因此使用净收益（结果可用正或负来表达）来综合评价信息系统成功更全面、准确。净收益是信息系统成功最重要的测量标准之一，因为它测量的是电子商务对于顾客、供应商、员工、组织、市场、产业、经济，甚至于社会的正面与负面影响的平衡。它可用如下问题进行测量：网络购物是否节省了个体消费者的时间与金钱？各种收益（如更大的市场份额、更高的供应链效率和更快的顾客响应）能够对于组织产生正的净收益吗？国家投资于电子商务基础设施能够对于国民生产总值（GDP）产生正的净增长吗？社会投资于电子商务基础设施与教育能够减少贫困吗？净收益的测量必须根据每笔电子商务投资的环境与目标而定。如果一个信息系统应用在没有工作团队的环境下，那么该信息系统评价因素中就不应有工作团队变量（王文韬，等，2014）。因此，可能会有很多种关于电子商务净收益的测量，但总体而言，大部分测量项目应该是相同的，如成本节约、市场扩大、销售增量、搜索成本降低和时间节省等。

更新的信息系统成功模型在信息管理领域得到了广泛的应用（王文韬，等，2014；张星，等，2016）。据 Google 学术统计，杰洛涅和麦克莱恩（DeLone，McLean，2003）的这篇经典研究的被引量超过 7000 次，影响力巨大。

3. 基于信息系统成功模型的相关研究

现有研究主要是在图书馆、情报学和传播学等研究领域验证、扩展和应用信息系统成功模型。

基于信息系统成功模型与满意度指数模型，董开栋和谢金文（2014）构建了手机新闻媒体用户满意度模型。通过使用问卷调查法收集数据，并运用结构方程模型分析数据，董开栋和谢金文（2014）发现：①用户期望显著影响感知质量（包括信息质量、系统质量和服务质量三个维度）；②感知质量与用户期望共同影响感知价值，其中感知质量的贡献更大；③感知质量对用户满意度的贡献最大，其次为感知价值，而对用户期望的影响不显著；④用户满意度显著影响用户忠诚度（见图 3 – 3）。

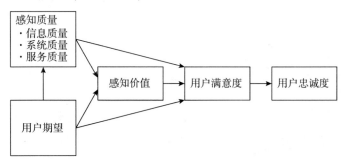

图 3 – 3 手机新闻媒体用户满意度模型

资料来源：根据董开栋和谢金文等（2014，p. 81，图 1）的原图，由作者重新编绘而成。

基于信息系统成功模型、计划行为理论和自我效能理论，杨涛（2015）构建了图书馆自助服务用户满意与使用模型。通过使用纸质与网络问卷调查相结合的方法收集数据，并运用结构方程模型分析数据，杨涛（2015）发现：①系统质量对用户满意度的影响最大，其次是信息质量，影响最小的是服务质量；②用户满意度对行为意向有较强的影响，行为意向有较大的可能性转化为实际使用；③服务方式偏好对用户自主服务的满意度与使用有较强的影响（见图3-4）。

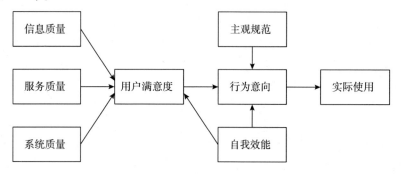

图3-4　图书馆自助服务用户满意与使用模型

资料来源：根据杨涛（2015，p.101，图1）的原图，由作者重新编绘而成。

基于信息系统成功模型，张星等（2016）从社会支持的角度探索了在线健康社区中用户忠诚度的影响因素。通过使用问卷调查法收集数据，并运用结构方程模型分析数据，张星等（2016）发现：①系统质量与信息质量对用户满意度有显著的正向影响；②评价支持与情感支持对用户的社区归属感有显著的正向影响；③用户满意度影响社区归属感，同时两者共同影响用户忠诚度（见图3-5）。

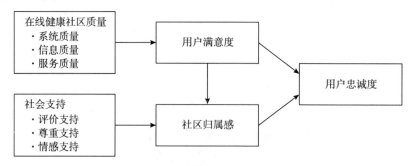

图3-5　在线健康社区中用户忠诚度的影响因素模型

资料来源：根据张星等（2016，p.134，图1）的原图，由作者重新编绘而成。

然而，很少有研究基于信息系统成功模型，探索信息系统的使用与特性对消费者的营销效果。

周涛等（2011）进行了少量的尝试。结合信息系统成功模型（DeLone，McLean，2003）、技术接受模型（Davis et al.，1989）和信任理论，周涛等（2011）分析了移动商务网站关键成功因素及其作用机理（见图3－6）。

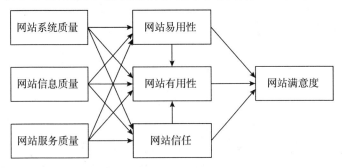

图3－6　移动商务网站关键成功因素模型

资料来源：根据周涛等（2011，p.62，图1）的原图，由作者重新编绘而成。

网站系统质量反映网站的系统特征，如网站可靠性、导航有效性和页面布局等方面。网站信息质量反映网站的内容特征，如信息的及时更新、完整性、准确性和相关性等。网站服务质量反映网站的服务特性，包括可靠性、响应性、准确性和移情性等。此外，与王和本巴萨特（Wang，Benbasat，2005）的观点类似，周涛等（2011）也认为，由于网上交易的匿名性、时空分离（支付与配送的时间分离、买卖双方的空间分离）和缺乏控制等原因，信任成为保证网上交易成功的关键因素之一。故周涛等（2011）把网站信任这一变量加入模型中。

通过使用问卷调查法，在中国移动与中国联通的营业厅随机调查用户来收集数据，并运用结构方程模型分析数据，周涛等（2011）发现：①网站系统质量是影响网站易用性的主要因素；②网站信息质量是决定网站有用性的主要因素；③网站服务质量对网站有用性没有显著影响，但对网站信任的作用非常显著，不容忽视；④网站信任是影响网站满意度的主要因素。

然而，周涛等（2011）探索的是网站质量（包括网站系统质量、网站信息质量和网站服务质量）对于用户之于移动商务网站的感知易用性、信任和感知有用性，以及三者进一步对于用户之于网站的满意度的影响；而没有探索网站质量对于消费者之于推荐系统的感知易用性、信任和感知有用性等的影响。

小结以上，很少有研究基于信息系统成功模型，探索推荐系统的使用与特性对于消费者之于推荐系统的评价的影响，以及推荐系统对消费者的营销效果。

二、基于信任理论的相关研究

王和本巴萨特（Wang，Benbasat，2005）认为，消费者对推荐系统的信任是决定其是否采纳推荐建议的关键因素。该研究将人与人之间的信任扩展到用户对于推荐系统的信任，提出：就像人与人之间的信任一样，用户对于推荐系统的信任也包括三个维度，即能力信仰、善意信仰和正直信仰。

能力信仰（competence－belief）指：用户相信推荐系统具有能力、技巧和专业性，从而能够高效地提出推荐建议。善意信仰（benevolence－belief）指：用户相信推荐系统会关心他/她，并且以他/她的利益（而不是代表网络商家或制造商的利益）运行。正直信仰（integrity－belief）指：用户相信推荐系统会坚持一套他/她可接受的原则，如诚实与信守承诺等。

王和本巴萨特（Wang，Benbasat，2005）探索了信任、感知有用性和感知易用性之间的关系，并探索了三者对消费者推荐采纳意向的共同影响。然而，哪些因素影响信任、感知有用性和感知易用性，该研究并没有回答。

三、基于技术接受模型的相关研究

这一部分内容见第二章第二节相关部分的论述，此处不再重复。

基于以上论述，由于技术接受模型与信任理论在解释推荐系统对消费者的营销效果时存在局限性，故作者引入信息系统研究领域的信息系统成功模型，并结合技术接受模型和信任理论构建推荐系统成功－基于信任的推荐接受模型。

第二节　研究模型与研究假设

信息系统成功模型（DeLone，McLean，2003）认为：服务质量、系统质量和信息质量影响用户对信息系统的使用意向、使用行为和满意度，进而影响净收益。结合信息系统成功模型、技术接受模型和信任理论，作者构建推荐系统成功－基于信任的推荐接受模型（见图 3－7）。

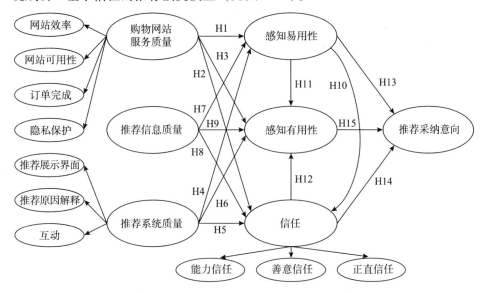

图 3－7　推荐系统成功－基于信任的推荐接受模型

注：购物网站服务质量、推荐系统质量和信任为二阶构面。购物网站服务质量包括：网站效率、网站可用性、订单完成和隐私保护四个一阶构面；推荐系统质量包括：推荐展示界面、推荐原因解释和互动三个一阶构面。信任包括：能力信任、善意信任和正直信任三个二阶构面。

基于杰洛涅和麦克莱恩（DeLone，McLean，2003）提出的信息系统成功模型，服务提供商所提供的服务质量正向影响用户对信息系统的满意度与使用意向。具体到应用推荐系统的网购环境，服务质量指购物网站服务质量。购物网站服务质量包括网站效率、网站可用性、订单完成和隐私保护四个维度（Parasuraman et al.，2005）。有研究探索了购物网站服务质量对消费者之于网站的感知有用性、感知易用性和信任的影响（刘倩，2011；周涛，等，2011），但很少有研究探索购物网站服务质量对于消费者之于推荐系统的感知有用性、感知易用性和信任的影响。基于此，作者将购物网站服务质量作为二阶构面（包括网站效率、网站可用性、订单完成和隐私保护四个一阶构面），提出假设 H1、H2 和 H3。

H1：购物网站服务质量正向影响消费者对推荐系统的感知易用性。

H2：购物网站服务质量正向影响消费者对推荐系统的信任。

H3：购物网站服务质量正向影响消费者对推荐系统的感知有用性。

推荐系统质量包括推荐展示界面、推荐原因解释和互动三个维度（Ricci et al.，2011；Xiao，Benbasat，2007）。

第一，推荐展示界面包括推荐展示形式与展示推荐商品的详细信息两方面。消费者感觉推荐展示清晰、排序合理的推荐系统更有用、更易用（Venkatesh，Bala，2008；Venkatesh，Davis，2000），对其更满意（Xiao，Benbasat，2007）。展示推荐商品的详细信息（如用户评分、评论数量和预测偏好分值等）能提高消费者对推荐系统的感知有用性（Pereira，2001；Xiao，Benbasat，2007）与信任（孙鲁平，等，2016）。与此同时，如果消费者感觉推荐展示清晰、排序合理，并且推荐商品都附有详细信息，那么消费者就会认为这样的推荐系统更加专业、更有能力，从而提高其对推荐系统的能力信任（Wang，Benbasat，2005）。

第二，提供推荐原因解释（如"我们提供这个推荐是因为您已购买……"）能提高消费者对推荐系统的信任（刘倩，2011）。因为如果消费者感觉推荐产生的过程是透明的、客观的，推荐确实是根据消费者的历史偏好数据提出的，而不仅是帮助网络商家卖出更多的商品，那么他/她就会提高对推荐系统的善意信任与正直信任（Kramer，2007；Wang，Benbasat，2005）。

第三，一些推荐系统提供专门的界面与消费者互动，当消费者对推荐结果不满意时，推荐系统允许消费者随时修改其偏好，并动态地更新推荐商品。良好的互动能提高消费者对推荐系统的评价（Xiao，Benbasat，2007；Pereira，2001）。如果消费者感觉推荐系统提供的互动功能考虑了消费者的利益，简单好用，并且响应迅速，那么他/她就会提高对推荐系统的善意信任与能力信任（Wang，Benbasat，2005）。

基于以上论述，作者将推荐系统质量作为二阶构面（包括推荐展示界面、推荐原因解释和互动三个一阶构面），提出假设 H4、H5 和 H6。

H4：推荐系统质量正向影响消费者对推荐系统的感知易用性。

H5：推荐系统质量正向影响消费者对推荐系统的信任。

H6：推荐系统质量正向影响消费者对推荐系统的感知有用性。

推荐信息质量包括准确性、多样性、新颖性、惊喜性和独特性五个方面（Ricci et al.，2011）。

第一，推荐信息的准确性指推荐商品与消费者偏好的契合度（孙鲁平，等，2016），准确性可从以下三个方面衡量：评分预测准确性（预测消费者对商品的偏好）、购买预测准确性（预测消费者是否将商品放入购物车）和排名预测准确性（是否将消费者最感兴趣的商品置于推荐列表顶端）（Ricci et al.，2011）。准确性影响感知有用性（Baier，Stüber，2010）。准确性高的推荐信息反映出推荐系统具有能力、技巧和专业性，从而能够高效地提出推荐建议，这会提高消费者对推荐系统的能力信任（Wang，Benbasat，2005）。准确性高的推荐信息还可以提高消费者的决策质量与决策满意度（孙鲁平，等，2016）。

第二，推荐信息的多样性包括推荐产品与品牌的数量多样性与种类多样性两方面。根据信息过量理论（冯娇，姚忠，2015），推荐列表中展示的产品与品牌的数量应该是适中的，如果数量过多会增加消费者的信息搜索成本与认知努力，导致消费者对推荐系统评价的降低（Diehl，2005；陈明亮，蔡日梅，2009）。此外，如果推荐的产品与品牌的数量过多，那么消费者可能认为推荐系统是为了提高网络商家的销售额，而提出一些与自己偏好无关或相关性较小的推荐，这样会导致消费者对推荐系统善意信任的降低（Wang，Benbasat，2005）。

第三，推荐信息的新颖性指为消费者推荐其之前未听说过的商品。当消费者对熟悉、重复的推荐信息感到厌倦时，新颖的推荐信息能改善消费者对推荐系统的评价（刘倩，2011）。如果推荐系统能时常为消费者提出一些新颖且与消费者偏好相匹配的推荐，那么消费者会认为这样的推荐系统是有能力的，其算法是先进的，从而提高其对推荐系统的能力信任（Wang，Benbasat，2005）。

第四，惊喜性与新颖性不同，新颖性指推荐给消费者一件他/她能独立发现的未知商品，而惊喜性指推荐给消费者一件他/她自己无法发现的新奇商品（Ricci et al.，2011）。在消费者与推荐系统关系的衰退阶段，惊喜性影响消费者唤醒，进而影响消费者对推荐系统的评价及其推荐采纳意向（刘倩，2011；Ricci et al.，2011）。如果推荐系统能时常为消费者提出一些新奇的推荐，深度挖掘消费者的偏好，让消费者发现之前连他/她自己都未意识到的潜在需求，那么消费者会认为这样的推荐系统是有能力的，其算法是先进的，从而提高其对推荐系统的能力信任（Wang，Benbasat，2005）。

第五，独特性指推荐系统为消费者提出的推荐信息的个性化程度。独特性影响感知有用性与感知易用性（陈明亮，蔡日梅，2009）。如果消费者感觉推荐系统为自己做出的推荐是独一无二的且与自己的偏好相匹配，那么消费者会认为这样的推荐系统就像自己的私人购物助理，不仅关心自己、非常了解自己的偏好，还能为自己做出合意的推荐（能力很强），从而提高其对推荐系统的善意信任与能力信任（Wang，Benbasat，2005）。

基于以上论述，作者提出假设 H7、H8 和 H9：

H7：推荐信息质量正向影响消费者对推荐系统的感知易用性。

H8：推荐信息质量正向影响消费者对推荐系统的信任。

H9：推荐信息质量正向影响消费者对推荐系统的感知有用性。

周涛等（2011）发现，消费者对网站的感知易用性显著地正向影响消费者对网站的感知有用性；消费者对网站的信任显著地正向影响消费者对网站的感知有用性。然而，周涛等（2011）未探索感知易用性与信任之间的影响关系，且周涛等（2011）探索的是消费者对网站的感知易用性、信任和感知有用性之间的关系。消费者对推荐系统的感知易用性、信任和感知有用性之间是否也存在类似的关系？结果是不明确的。

王和本巴萨特（Wang，Benbasat，2005）发现，用户对推荐系统的感知易用性显著地正向影响其对推荐系统的信任；感知易用性与信任均显著地正向影响用户对推荐系统的感知有用性。肖和本巴萨特（Xiao，Benbasat，2007）对大量推荐系统相关文献进行了梳理，也提出了类似的影响机制。

基于以上论述，作者提出假设 H10、H11 和 H12：

H10：消费者对推荐系统的感知易用性正向影响消费者对推荐系统的信任。

H11：消费者对推荐系统的感知易用性正向影响消费者对推荐系统的感知有用性。

H12：消费者对推荐系统的信任正向影响消费者对推荐系统的感知有用性。

技术接受模型认为：感知易用性影响感知有用性，两者共同影响用户对新信息技术的使用意向，进而影响其使用行为（Davis，1989；Davis et al.，1989）。肖和本巴萨特（Xiao，Benbasat，2007）对大量推荐系统相关文献进行了梳理，提出：消费者对推荐系统的信任影响消费者对推荐系统的使用意向及使用行为。

在网购环境下，消费者一旦进入购物网站，就会被动地接触到各类推荐信息，消费者自己能决定的是：是否采纳这些推荐信息？因此，作者将技术接受模型（Davis，1989；Davis et al.，1989）与肖和本巴萨特（Xiao，Benbasat，2007）的概念模型中的"使用意向"与"使用行为"调整为"推荐采纳意向"，该做法已得到现有研究的支持（Wang，Benbasat，2005；马庆国，等，2009）。基于此，作者提出假设 H13、H14、H15：

H13：消费者对推荐系统的感知易用性正向影响消费者对推荐信息的采纳意向。

H14：消费者对推荐系统的信任正向影响消费者对推荐信息的采纳意向。

H15：消费者对推荐系统的感知有用性正向影响消费者对推荐信息的采纳意向。

第三节　研究方法

一、问卷设计

作者使用问卷调查法收集数据。问卷中的问项主要源于现有文献。使用调查问卷初稿，作者运用访谈法，在亚马逊位于北京的某自提点，对亚马逊的20 位消费者进行了预调查。根据预调查的结果，作者对调查问卷初稿进行了完善，从而得到正式调查问卷（见表 3－1）。除样本特征外，所有问项均使用7 点李克特量表，1 表示"完全不同意"，7 表示"完全同意"。

表3－1　推荐接受模型的构面、问项及其来源

二阶构面	一阶构面	问项	问项内容	问项来源
购物网站服务质量	网站效率	WE1	在亚马逊网站上找到我想要的商品十分容易	Parasuraman et al.（2005）
		WE2	在亚马逊网站上完成一次网购十分迅速	
		WE3	亚马逊网站上的各种信息编排得很好	
		WE4	亚马逊网站的网页加载很快	
		WE5	亚马逊网站的网页布局设计得十分合理	
	网站可用性	WA1	亚马逊网站运行很稳定	
		WA2	亚马逊网站很少崩溃	
		WA3	亚马逊网站的响应速度很快	
	订单完成	OF1	亚马逊网站会按其承诺准时交付订单	
		OF2	亚马逊网站很少发错货	
		OF3	亚马逊网站的发货速度很快	
		OF4	亚马逊网站的送货速度很快	
	隐私保护	PP1	亚马逊网站会保护我的个人信息	
		PP2	亚马逊网站不会把我的个人信息泄露给其他公司	
		PP3	亚马逊网站会保护我的银行卡信息	
推荐系统质量	推荐展示界面	RPI1	推荐展示界面看起来很舒服	陈明亮，蔡日梅（2009）；刘倩（2011）
		RPI2	推荐商品的展示十分清晰	
		RPI3	推荐商品的排序方式十分合理	
		RPI4	推荐系统会展示推荐商品的详细信息	
	推荐原因解释	RRE1	推荐系统会主动对推荐原因进行解释	
		RRE2	我理解推荐产生的原因	
		RRE3	我理解推荐产生的过程	
	互动	IA1	在与我互动时，推荐系统的反馈很快	
		IA2	推荐系统允许我在任何时候修改自己的偏好	
		IA3	我能很好地控制与推荐系统的互动	
		IA4	推荐系统提供了良好的互动功能	
推荐信息质量		RIQ1	为我推荐的商品符合我的偏好	Baier，Stüber（2010）；刘倩（2011）；周涛等（2011）
		RIQ2	推荐列表中展示的商品能满足我的需求	
		RIQ3	推荐列表中展示的商品数量是适中的	
		RIQ4	为我推荐的商品给我一种耳目一新的感觉	
		RIQ5	为我推荐的商品让我发现了意料之外的惊喜	
		RIQ6	为每位消费者展示的推荐信息都是个性化的	

续表

二阶构面	一阶构面	问项	问项内容	问项来源
信任	能力信任	CT1	在推荐商品方面，推荐系统像一位真正的专家	Wang, Benbasat (2005)
		CT2	推荐系统有理解我的需要与偏好的专业技术	
		CT3	推荐系统有理解我的需要与偏好的能力	
		CT4	推荐系统对于推荐商品有良好的专业知识	
		CT5	推荐系统会考虑我的需要与推荐商品的所有重要属性	
	善意信任	BT1	推荐系统把我的利益放在第一位	
		BT2	推荐系统把我的利益放在心上	
		BT3	推荐系统想要理解我的需要与偏好	
	正直信任	IT1	推荐系统提供无偏见的商品推荐信息	
		IT2	推荐系统是诚实的	
		IT3	我认为推荐系统拥有正直的品质	
感知有用性		PU1	亚马逊的推荐系统提高了我的网购效率	Chen（2010）；周涛等（2011）
		PU2	亚马逊的推荐系统使网购变得更简单	
		PU3	亚马逊的推荐系统使网购变得更便利	
		PU4	总体来说，亚马逊的推荐系统是有用的	
感知易用性		PEOU1	学习使用亚马逊的推荐系统是容易的	周涛等（2011）
		PEOU2	熟练使用亚马逊的推荐系统是容易的	
		PEOU3	总体来说，亚马逊的推荐系统是容易使用的	
推荐采纳意向		AIOR1	我愿意浏览推荐的商品	Baier, Stüber (2010)
		AIOR2	我愿意购买推荐的商品	
		AIOR3	我愿意使用推荐系统辅助我进行网购	

注：WE 指 Website Efficiency（网站效率）；WA 指 Website Availability（网站可用性）；OF 指 Order Fulfillment（订单完成）；PP 指 Privacy Protection（隐私保护）；RPI 指 Recommendation Presentation Interface（推荐展示界面）；RRE 指 Recommendation Reason Explanation（推荐原因解释）；IA 指 Interaction（互动）；RIQ 指 Recommendation Information Quality（推荐信息质量）；CT 指 Competence Trust（能力信任）；BT 指 Benevolence Trust（善意信任）；IT 指 Integrity Trust（正直信任）；PU 指 Perceived Usefulness（感知有用性）；PEOU 指 Perceived Ease of Use（感知易用性）；AIOR 指 Adoption Intention of Recommendations（推荐采纳意向）。

二、数据收集

亚马逊的推荐系统为当前在网络购物环境下最好的推荐系统，因此笔者以亚马逊的推荐系统为研究对象，以使用过亚马逊推荐系统的消费者为调查对象，使用问卷调查法收集数据。

数据收集的过程如下：

第一，笔者向选修《消费者行为学》的在校大学生介绍亚马逊网站及其推荐系统。

第二，笔者展示各类推荐信息，如"购买此商品的顾客也同时购买……""看过此商品后的顾客买的其他商品"和"与您浏览过的商品相关的推荐"等。

第三，笔者展示推荐系统的各种特性，如推荐展示界面、推荐原因解释（"我们提供这个推荐是因为您已购买……"）、互动（"改善为我推荐"）等。

第四，笔者要求大学生们在一个月内充分体验亚马逊网站及其推荐系统，并要求他们在推荐系统的帮助下完成一次网购。

第五，笔者要求大学生们找一位亲朋好友，向他/她介绍亚马逊网站及其推荐系统，并帮助其完成一次网购。

第六，笔者要求大学生们描述其使用推荐系统进行网购的过程、为亚马逊网站及其推荐系统提改进建议、填写问卷，并要求其亲朋好友也填写问卷。

笔者将这次问卷调查作为笔者主讲的《消费者行为学》课程的一次平时作业，计入平时成绩，因此大学生们都非常认真地完成了这次问卷调查工作。数据收集从 2015 年 9 月开始，至 2015 年 11 月结束，历时近三个月，共收回有效问卷 218 份。样本特征如表 3 - 2 所示。

表 3 - 2　样本特征

项目	分类	人数	百分比
性别	男性	61	28.0%
	女性	157	72.0%
每月用于网购的开支	100 元以下	21	9.6%
	100~499 元	112	51.4%
	500~1000 元	55	25.2%
	1000 元以上	30	13.8%
在亚马逊进行网购的时间	三个月以下	111	50.9%
	三个月~一年	47	21.6%
	一年以上	60	27.5%

续表

项目	分类	人数	百分比
登录亚马逊的频率	一两天登录一次	26	11.9%
	每周登录一次	87	39.9%
	较少登录	105	48.2%
使用亚马逊的推荐系统的频率	经常使用	48	22.0%
	偶尔使用	122	56.0%
	几乎不用	48	22.0%

三、统计分析方法

笔者构建的研究模型较为复杂，含 17 个构面，其中购物网站服务质量（含四个一阶构面）、推荐系统质量（含三个一阶构面）和信任（含三个一阶构面）为二阶构面（见图 3 – 7）。偏最小二乘结构方程模型（PLS – SEM）在处理复杂的结构模型时有独特的优势（Hair et al.，2014）。

此外，在后述部分进行信度检验之后，部分问项由于达不到标准而被删除，这使得"善意信任"与"正直信任"这两个构面只有两个问项（一般要求每个构面至少有三个问项）。PLS – SEM 对构面的问项数无特定要求（Hair et al.，2014）。基于以上考虑，作者使用 SmartPLS v. 3. 2. 3 软件进行数据分析。

在如图 3 – 7 所示的研究模型中，感知有用性被五个箭头指到，为所有构面中最多。在这种情况下，根据海尔等（Hair et al.，2014）的建议，在 $\alpha = 0.05$ 的显著性水平下，要检验出最小 0. 10 的 R^2 值，最小样本量为 147 个。本研究的有效样本量为 218 个，满足要求。

第四节 数据分析

一、外模型

在 PLS – SEM 中，指标变量（indicator）与潜在构面（latent construct）

之间的关系称为外模型（outer model）。

1. 信度检验

胡兰德（Hulland，1999）建议，问项的因子载荷应大于0.7的限制性水平。笔者运用SmartPLS v.3.2.3软件进行数据分析后，发现以下问项的因子载荷小于0.6的限制性水平：关于网站效率的WE2（在亚马逊网站上完成一次网购十分迅速）与WE5（亚马逊网站的网页布局设计得十分合理）；关于订单完成的OF3（亚马逊网站的发货速度很快）；关于推荐展示界面的RPI1（推荐展示界面看起来很舒服）；关于互动的IA3（我能很好地控制与推荐系统的互动）；关于能力信任的CT4（推荐系统对于推荐商品有良好的专业知识）、CT5（推荐系统会考虑我的需要与推荐商品的所有重要属性）；关于善意信任的BT3（推荐系统想要理解我的需要与偏好）；以及关于正直信任的IT1（推荐系统提供无偏见的商品推荐信息）。

当出现这种情况时，海尔等（Hair et al.，2014）给出的处理方法是：第一，如果问项的因子载荷小于0.4，则直接删除该问项。第二，如果问项的因子载荷在0.40~0.7之间，可以尝试删除该问项，若删除后该问项所测量构面的平均构面萃取值（AVE）增加至大于0.5的限制性水平，且组成信度（CR值）增加至大于0.7的限制性水平，则删除该问项；反之则保留该问项。

依据该处理方法，笔者删除下列问项：WE2、WE5、OF3、RPI1、IA3、CT4、CT5、BT3和IT1，并对剩下的问项进行重新排序（见表3-3）。

表3-3 推荐接受模型数据分析所使用的问项

二阶构面	一阶构面	问项	问项内容
购物网站服务质量	网站效率	WE1	在亚马逊网站上找到我想要的商品十分容易
		WE2	亚马逊网站上的各种信息编排得很好
		WE3	亚马逊网站的网页加载很快
	网站可用性	WA1	亚马逊网站运行很稳定
		WA2	亚马逊网站很少崩溃
		WA3	亚马逊网站的响应速度很快
	订单完成	OF1	亚马逊网站会按其承诺准时交付订单
		OF2	亚马逊网站很少发错货
		OF3	亚马逊网站的送货速度很快

续表

二阶构面	一阶构面	问项	问项内容
购物网站服务质量	隐私保护	PP1	亚马逊网站会保护我的个人信息
		PP2	亚马逊网站不会把我的个人信息泄露给其他公司
		PP3	亚马逊网站会保护我的银行卡信息
推荐系统质量	推荐展示界面	RPI1	推荐商品的展示十分清晰
		RPI2	推荐商品的排序方式十分合理
		RPI3	推荐系统会展示推荐商品的详细信息
	推荐原因解释	RRE1	推荐系统会主动对推荐原因进行解释
		RRE2	我理解推荐产生的原因
		RRE3	我理解推荐产生的过程
	互动	IA1	在与我互动时，推荐系统的反馈很快
		IA2	推荐系统允许我在任何时候修改自己的偏好
		IA3	推荐系统提供了良好的互动功能
推荐信息质量		RIQ1	为我推荐的商品符合我的偏好
		RIQ2	推荐列表中展示的商品能满足我的需求
		RIQ3	推荐列表中展示的商品数量是适中的
		RIQ4	为我推荐的商品给我一种耳目一新的感觉
		RIQ5	为我推荐的商品让我发现了意料之外的惊喜
		RIQ6	为每位消费者展示的推荐信息都是个性化的
信任	能力信任	CT1	在推荐商品方面，推荐系统像一位真正的专家
		CT2	推荐系统有理解我的需要与偏好的专业技术
		CT3	推荐系统有理解我的需要与偏好的能力
	善意信任	BT1	推荐系统把我的利益放在第一位
		BT2	推荐系统把我的利益放在心上
	正直信任	IT1	推荐系统是诚实的
		IT2	我认为推荐系统拥有正直的品质
感知有用性		PU1	亚马逊的推荐系统提高了我的网购效率
		PU2	亚马逊的推荐系统使网购变得更简单
		PU3	亚马逊的推荐系统使网购变得更便利
		PU4	总体来说，亚马逊的推荐系统是有用的
感知易用性		PEOU1	学习使用亚马逊的推荐系统是容易的
		PEOU2	熟练使用亚马逊的推荐系统是容易的
		PEOU3	总体来说，亚马逊的推荐系统是容易使用的

二阶构面	一阶构面	问项	问项内容
		AIOR1	我愿意浏览推荐的商品
	推荐采纳意向	AIOR2	我愿意购买推荐的商品
		AIOR3	我愿意使用推荐系统辅助我进行网购

注：WE 指 Website Efficiency（网站效率）；WA 指 Website Availability（网站可用性）；OF 指 Order Fulfillment（订单完成）；PP 指 Privacy Protection（隐私保护）；RPI 指 Recommendation Presentation Interface（推荐展示界面）；RRE 指 Recommendation Reason Explanation（推荐原因解释）；IA 指 Interaction（互动）；RIQ 指 Recommendation Information Quality（推荐信息质量）；CT 指 Competence Trust（能力信任）；BT 指 Benevolence Trust（善意信任）；IT 指 Integrity Trust（正直信任）；PU 指 Perceived Usefulness（感知有用性）；PEOU 指 Perceived Ease of Use（感知易用性）；AIOR 指 Adoption Intention of Recommendations（推荐采纳意向）。

笔者运用 SmartPLS v. 3. 2. 3 软件进行信度检验与收敛效度检验。各构面的 Cronbach's α 与 CR 值均大于 0. 7 的限制性水平（Bagozzi，Yi，1988），这表明量表有良好的信度（见表 3 − 4）。

表 3 − 4　推荐接受模型的信度检验与收敛效度检验

构面	问项	平均值（标准差）	因子载荷	Cronbach's α	CR	AVE
购物网站服务质量（WSQ）	WE1	4. 86（0. 91）	0. 751	0. 929	0. 939	0. 562
	WE2	4. 70（0. 95）	0. 729			
	WE3	4. 80（0. 93）	0. 791			
	WA1	4. 88（0. 97）	0. 778			
	WA2	4. 94（1. 02）	0. 781			
	WA3	4. 94（0. 96）	0. 773			
	OF1	5. 20（1. 03）	0. 741			
	OF2	5. 11（1. 02）	0. 746			
	OF3	5. 05（1. 02）	0. 724			
	PP1	4. 79（0. 84）	0. 742			
	PP2	4. 85（0. 87）	0. 709			
	PP3	4. 88（0. 82）	0. 727			

续表

构面	问项	平均值 （标准差）	因子载荷	Cronbach's α	CR	AVE
推荐系统质量 （RSQ）	RPI1	4.90（0.94）	0.745	0.922	0.935	0.617
	RPI2	4.68（0.98）	0.768			
	RPI3	4.85（0.93）	0.784			
	RRE1	4.81（1.08）	0.850			
	RRE2	4.98（1.03）	0.762			
	RRE3	4.78（0.95）	0.764			
	IA1	4.90（0.88）	0.821			
	IA2	5.00（1.00）	0.774			
	IA3	4.92（0.96）	0.798			
推荐信息质量 （RIQ）	RIQ1	4.77（0.98）	0.782	0.870	0.903	0.608
	RIQ2	4.64（0.96）	0.765			
	RIQ3	4.79（0.90）	0.783			
	RIQ4	4.40（1.07）	0.853			
	RIQ5	4.64（1.05）	0.772			
	RIQ6	4.86（1.10）	0.716			
信任 （Trust）	CT1	4.43（0.96）	0.831	0.809	0.859	0.566
	CT2	4.66（0.93）	0.870			
	CT3	4.80（0.86）	0.849			
	BT1	4.09（0.87）	0.917			
	BT2	4.24（0.93）	0.907			
	IT1	4.60（0.98）	0.904			
	IT2	4.52（0.87）	0.913			
感知有用性 （PU）	PU1	4.65（1.04）	0.843	0.900	0.930	0.769
	PU2	4.66（0.98）	0.867			
	PU3	4.90（1.04）	0.906			
	PU4	5.08（1.04）	0.890			
感知易用性 （PEOU）	PEOU1	5.24（1.08）	0.915	0.899	0.937	0.832
	PEOU2	5.10（1.00）	0.907			
	PEOU3	5.22（0.97）	0.914			

续表

构面	问项	平均值 （标准差）	因子载荷	Cronbach's α	CR	AVE
推荐采纳意向 （AIOR）	AIOR1	4.87（1.16）	0.915	0.873	0.922	0.797
	AIOR2	4.39（0.98）	0.866			
	AIOR3	4.88（1.10）	0.896			

注：WSQ 指 Website Service Quality（购物网站服务质量）；RSQ 指 Recommender System Quality（推荐系统质量）；RIQ 指 Recommendation Information Quality（推荐信息质量）；PU 指 Perceived Usefulness（感知有用性）；PEOU 指 Perceived Ease of Use（感知易用性）；AIOR 指 Adoption Intention of Recommendations（推荐采纳意向）。

2. 效度检验

（1）收敛效度。各构面的平均变异萃取值（Average Variance Extracted，AVE）均大于 0.5 的限制性水平（Bagozzi，Yi，1988），这表明量表有良好的收敛效度（见表 3－4）。

（2）区别效度。每个构面的 AVE 的平方根值均大于它与其他构面的相关系数（Fornell，Larcker，1981），这表明量表具有良好的区别效度（见表 3－5）。

表 3－5　推荐接受模型各构面的 AVE 的平方根值与构面间的相关系数

构面	WSQ	RSQ	RIQ	Trust	PU	PEOU	AIOR
WSQ	**0.750**						
RSQ	0.723	**0.786**					
RIQ	0.527	0.603	**0.780**				
Trust	0.376	0.416	0.346	**0.683**			
PU	0.617	0.591	0.644	0.358	**0.877**		
PEOU	0.540	0.537	0.373	0.290	0.474	**0.912**	
AIOR	0.604	0.660	0.676	0.384	0.733	0.452	**0.893**

注：①WSQ 指 Website Service Quality（购物网站服务质量）；RSQ 指 Recommender System Quality（推荐系统质量）；RIQ 指 Recommendation Information Quality（推荐信息质量）；PU 指 Perceived Usefulness（感知有用性）；PEOU 指 Perceived Ease of Use（感知易用性）；AIOR 指 Adoption Intention of Recommendations（推荐采纳意向）。

②对角线上的粗体数值为各构面的 AVE 的平方根值，其他数值为构面间的相关系数。

3. 指标权重的显著性检验

根据海尔等（Hair et al., 2014）的建议, 作者采用 Bootstrapping 抽样 5000 次, 发现所有问项的外部权重均在 $\alpha = 0.05$ 的显著性水平下显著, 故所有问项均保留。最后, 依据海尔等（Hair et al., 2014）的建议, PLS – SEM 无须检验模型的拟合优度（Goodness – of – Fit）。

二、内模型

在 PLS – SEM 中, 潜在构面之间的关系称为内模型（inner model）。

1. 路径分析与假设检验

根据海尔等（Hair et al., 2014）的建议, 作者采用 Bootstrapping 抽样 5000 次, 得到内模型的路径分析与假设检验结果（见图 3 – 8 与表 3 – 6）。

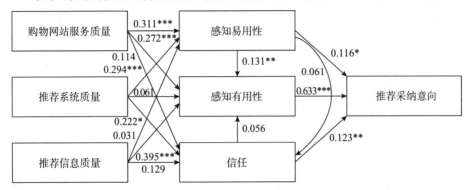

图 3 – 8 推荐接受模型的结构模型路径分析与假设检验结果

注: ①各箭头中间的数字表示路径系数。

②* 表示 p 值 < 0.05; ** 表示 p 值 < 0.01; *** 表示 p 值 < 0.005。

表 3 – 6 推荐接受模型的结构模型路径系数的显著性检验结果

研究假设	结构模型路径	路径系数	t 值	p 值	假设检验结果
H1	WSQ→PEOU	0.311	3.821	0.000	支持
H2	WSQ→Trust	0.114	1.081	0.280	不支持
H3	WSQ→PU	0.272	3.072	0.002	支持
H4	RSQ→PEOU	0.294	3.176	0.002	支持
H5	RSQ→Trust	0.222	2.263	0.024	支持
H6	RSQ→PU	0.061	0.714	0.475	不支持

研究假设	结构模型路径	路径系数	t 值	p 值	假设检验结果
H7	RIQ→PEOU	0.031	0.437	0.662	不支持
H8	RIQ→Trust	0.129	1.653	0.098	不支持
H9	RIQ→PU	0.395	6.814	0.000	支持
H10	PEOU→Trust	0.061	0.974	0.330	不支持
H11	PEOU→PU	0.131	2.708	0.007	支持
H12	Trust→PU	0.056	1.048	0.295	不支持
H13	PEOU→AIOR	0.116	2.106	0.035	支持
H14	Trust→AIOR	0.123	2.595	0.009	支持
H15	PU→AIOR	0.633	11.903	0.000	支持

注：①WSQ 指 Website Service Quality（购物网站服务质量）；RSQ 指 Recommender System Quality（推荐系统质量）；RIQ 指 Recommendation Information Quality（推荐信息质量）；PU 指 Perceived Usefulness（感知有用性）；PEOU 指 Perceived Ease of Use（感知易用性）；AIOR 指 Adoption Intention of Recommendations（推荐采纳意向）。

②Bootstrapping 抽样 5000 次，检验类型为双尾检验，显著性水平 $\alpha = 0.05$。

2. 中介效应检验

笔者使用 Sobel Test（Sobel，1982）、Aroian Test（Aroian，1947）和 Goodman Test（Goodman，1960）进行中介效应检验（见表 3 - 7）。

表 3 - 7　推荐接受模型的中介效应检验

构面关系	衡量构面	路径系数 t - value	Sobel Test's z - value	Aroian Test's z - value	Goodman Test's z - value	中介效应显著性
WSQ→PU→AIOR	WSQ→PU	3.072	2.975 ***	2.965 ***	2.984 ***	显著
	PU→AIOR	11.903				
WSQ→PEOU→PU	WSQ→PEOU	3.821	2.209 *	2.161 *	2.262 *	显著
	PEOU→PU	2.708				
WSQ→PEOU→AIOR	WSQ→PEOU	3.821	1.844	1.798	1.895	不显著
	PEOU→AIOR	2.106				
RSQ→Trust→AIOR	RSQ→Trust	2.263	1.706	1.638	1.782	不显著
	Trust→AIOR	2.595				

续表

构面关系	衡量构面	路径系数 $t-value$	Sobel Test's $z-value$	Aroian Test's $z-value$	Goodman Test's $z-value$	中介效应 显著性
RSQ→PEOU→PU	RSQ→PEOU	3.176	2.061*	2.004*	2.122*	显著
	PEOU→PU	2.708				
RSQ→PEOU→AIOR	RSQ→PEOU	3.176	1.755	1.698	1.819	不显著
	PEOU→AIOR	2.106				
RIQ→PU→AIOR	RIQ→PU	6.814	5.914***	5.898***	5.929***	显著
	PU→AIOR	11.903				
PEOU→PU→AIOR	PEOU→PU	2.708	2.641**	2.632**	2.649**	显著
	PU→AIOR	11.903				

注：①WSQ 指 Website Service Quality（购物网站服务质量）；RSQ 指 Recommender System Quality（推荐系统质量）；RIQ 指 Recommendation Information Quality（推荐信息质量）；PU 指 Perceived Usefulness（感知有用性）；PEOU 指 Perceived Ease of Use（感知易用性）；AIOR 指 Adoption Intention of Recommendations（推荐采纳意向）。

②* 表示 p 值 < 0.05；** 表示 p 值 < 0.01；*** 表示 p 值 < 0.005。

3. 总效应检验

推荐信息质量对推荐采纳意向的总效应最强（0.281），次之为购物网站服务质量（0.253），总效应最弱的是推荐系统质量（0.135），见表 3 – 8。

表 3 – 8　推荐接受模型的总效应检验

结构模型路径	总效应	t 值	p 值	总效应显著性
WSQ→AIOR	0.253	4.768	0.000	显著
RSQ→AIOR	0.135	2.530	0.011	显著
RIQ→AIOR	0.281	5.860	0.000	显著

注：①WSQ 指 Website Service Quality（购物网站服务质量）；RSQ 指 Recommender System Quality（推荐系统质量）；RIQ 指 Recommendation Information Quality（推荐信息质量）；AIOR 指 Adoption Intention of Recommendations（推荐采纳意向）。

②总效应 = 直接效应 + 间接效应。

4. 解释力检验

据海尔等（Hair et al.，2014）的建议，当研究消费者行为时，若 R^2 值大于 0.20，说明模型有较好的解释力。在如图 3 - 8 所示的结构模型中，推荐采纳意向被解释的方差（R^2 值）为 0.569，信任的 R^2 值为 0.212，感知有用性的 R^2 值为 0.550，感知易用性的 R^2 值为 0.343。四者均大于 0.20 的限制性水平，这表明模型的解释力较好。

第五节　结论与讨论

一、研究结论

当今，推荐系统在亚马逊、京东和当当等购物网站应用日益广泛。消费者在进入购物网站后，会被动地接触到各类推荐信息，消费者自己所能决定的是：是否采纳这些推荐信息？因此，探明消费者推荐采纳意向的影响因素是网络商家成功应用推荐系统的关键。基于技术接受模型与信任理论，现有研究发现：感知有用性、感知易用性和信任影响推荐采纳意向。但哪些与推荐系统本身相关的因素影响感知有用性、感知易用性和信任？现有研究分析不够全面，缺乏理论基础。

基于此，作者结合信息系统成功模型、技术接受模型和信任理论，构建了推荐系统成功 - 基于信任的推荐接受模型。通过使用问卷调查法收集数据，并运用结构方程模型分析数据，作者发现：

（1）购物网站服务质量、推荐系统质量和推荐信息质量通过中介变量感知有用性、感知易用性和信任最终显著地正向影响推荐采纳意向。

（2）推荐信息质量对推荐采纳意向的总效应最强，次之为购物网站服务质量，总效应最弱的是推荐系统质量。

二、讨论

1. 关于总效应强弱的讨论

首先，消费者在购物网站上直接接触到的推荐服务是一条条推荐信息，消费者与网络商家最关心的是推荐信息的准确性等质量特性，这也是为什么现有研究大多集中于改善推荐算法与提升推荐质量的原因（Ricci et al.，2011；孙鲁平，等，2016）。基于此，推荐信息质量对消费者推荐采纳意向的总效应最强。

其次，推荐系统不能脱离其嵌入的购物网站而独立发挥作用。根据光环效应理论（Han，1989），消费者对购物网站的整体评价影响他/她对购物网站的单项属性的评价（如推荐系统）。基于此，购物网站服务质量影响消费者对购物网站所使用的推荐系统的评价，进而影响消费者对推荐信息的采纳意向。但这种影响是间接的（Han，1989），故其总效应弱于推荐信息质量。

最后，在数据收集的过程中，作者发现：很多消费者不太关心推荐是如何产生的（推荐原因解释），他/她们主要关心推荐结果（推荐信息质量）是否令人满意。那些活跃、资深和认知需求强的消费者才愿意花时间与推荐系统互动以进一步改善推荐。以上导致推荐系统质量对推荐采纳意向的总效应最弱。但大部分消费者关心推荐展示是否清晰、推荐商品的排序是否合理、推荐系统是否展示了用户评分等推荐商品的详细信息，推荐展示界面可能影响消费者使用推荐系统的感知愉悦性，而感知愉悦性影响推荐采纳意向（刘倩，2011）。以上导致推荐系统质量对推荐采纳意向的总效应虽弱却是显著的。

2. 关于不成立的假设的讨论

在所有假设中，假设 H2、H6、H7、H8、H10 和 H12 没有得到支持，即：网站服务质量对信任无显著影响；推荐系统质量对感知有用性无显著影响；推荐信息质量对感知易用性无显著影响；推荐信息质量对信任无显著影响；感知易用性对信任无显著影响；信任对感知有用性无显著影响。作者分析原因如下：

第一，网站服务质量包括网站效率、网站可用性、订单完成和隐私保护四个维度（Parasuraman et al.，2005）。这些特性可能会影响消费者对网站的信任（刘倩，2011；周涛，等，2011），但不会直接影响消费者对购物网站所使用的推荐系统的信任。因此，假设 H2 没有得到支持。

第二，消费者对推荐系统的感知易用性指消费者主观上认为使用推荐系统需付出的努力程度是一个过程预期（高芙蓉，2010；高芙蓉，高雪莲，2011）。推荐系统质量包括推荐展示界面、推荐原因解释和互动三个维度，主要涉及消费者使用推荐系统的过程，故推荐系统质量主要影响消费者对推荐系统的感知易用性，其对感知有用性的影响不显著。因此，假设 H6 没有得到支持。

第三，消费者对推荐系统的感知有用性指消费者主观上认为使用推荐系统能提升其网购效率的程度，是一个结果预期（高芙蓉，2010；高芙蓉，高雪莲，2011）。推荐信息是消费者使用推荐系统得到的结果，故推荐信息质量主要影响消费者对推荐系统的感知有用性，其对感知易用性的影响不显著。因此，假设 H7 没有得到支持。

第四，推荐信息质量包括准确性、多样性、新颖性、惊喜性和独特性五方面（Ricci et al.，2011）。上述特性可能只会提高消费者对推荐系统的某方面信任，如：高准确性的推荐信息可能提高消费者对推荐系统的能力信任，但很难提高消费者对推荐系统的善意信任与正直信任（Wang，Benbasat，2005）；高新颖性与高惊喜性的推荐信息可能提高消费者对推荐系统的能力信任，但难以提高消费者对推荐系统的善意信任与正直信任（Wang，Benbasat，2005）。以上导致推荐信息质量对信任的影响在 $\alpha = 0.05$ 的显著性水平下不显著；却在 $\alpha = 0.1$ 的显著性水平下显著（p 值 $= 0.098$）。

第五，作者意外地发现：感知易用性对信任无显著影响；信任对感知有用性无显著影响。这与现有研究的研究结果不一致（Wang，Benbasat，2005；周涛，等，2011）。作者推测这可能与本研究的调查对象相关。本研究的调查对象为选修《消费者行为学》的在校大学生，他/她们平时在淘宝、天猫和京东等购物网站进行网络购物较多，在亚马逊网站购物相对较少。因此，他/她们在本次调查之前对亚马逊网站及其推荐系统接触较少。由于技术接受模型主要是用于探索用户对一项新的信息技术的接受意向与接受行为（高芙蓉，2010；李武，赵星，2016；杨文正，等，2015；姚公安，覃正，2010），而本研究是以技术接受模型为理论基础，故作者认为选择亚马逊网站及其推荐系统作为研究对象是合适的。然而，正如人际关系的建立与发展一样，消费者与推荐系统之间关系的建立与发展是需要时间的，是一个长期的过程（刘倩，2011；赵宏霞，等，2015）。然而，本研究仅给予调查对象一个月时间体验亚马逊网站及其推荐系统，这可能导致他/她们来不及与推荐系统建立真正的深度信任就需要回答问卷。以上导致假设 H10 与 H12 没有得到支持。

3. 理论贡献

上述研究结论进一步推进了推荐系统在市场营销领域的研究进展，进一步丰富了技术接受模型与信任理论在推荐系统研究领域的应用，并进一步拓展了信息系统成功模型在市场营销研究领域与推荐系统研究领域的应用。

三、管理决策启示

结合以上研究结论与作者收集到的消费者对亚马逊网站及其推荐系统的改进意见，作者为网络商家改善其推荐系统提出如下建议。

网络商家可从购物网站服务质量、推荐系统质量和推荐信息质量三个方面提高消费者对推荐信息的采纳意向。资源投入的优先顺序为：提高推荐信息质量、提高购物网站服务质量、提高推荐系统质量。

1. 从准确性、多样性、新颖性、惊喜性和独特性等方面提高推荐信息质量

（1）进一步优化推荐系统的算法，以提高推荐信息的准确性，帮助消费者更高效地找到合意商品，从而提高消费者的决策质量与决策满意度（孙鲁平，等，2016）。

（2）展示产品与品牌的种类与数量多样化的推荐列表，以应对消费者的多样化寻求行为（柯学，2009）；但推荐列表中的商品数量要适中，因为推荐过多的商品会增加消费者的信息搜索成本与认知努力，导致消费者对推荐系统的评价降低（Diehl，2005；陈明亮，蔡日梅，2009）。米勒（Miller，1956）指出，人类的信息处理能力是有限的，数字"7"是人类短期记忆的极限。因此作者建议，在一个推荐列表中，推荐系统最多向消费者展示7件推荐商品。

（3）受求新、求变动机的驱动（许春晓，等，2011），消费者在网络购物时经常会存在一种猎奇心理，频繁向消费者提出熟悉、重复的推荐可能会使消费者感到厌倦。因此，应时常向消费者推荐一些新颖、新奇的商品，给予消费者意料之外的惊喜，充分挖掘消费者的潜在需求（刘倩，2011）。

（4）应自动过滤掉消费者已购买过的商品，不要重复推荐。

（5）对刚购买过电脑等耐用品的消费者，应推荐一些相关配件，而不宜在短期内再推荐另一台电脑。

（6）结合消费者的历史数据与其最新网购行为给消费者提出个性化的推荐信息。

2. 从网站效率、网站可用性、订单完成和隐私保护等方面提高购物网站服务质量

（1）优化购物网站的搜索引擎与导航系统，使消费者能更容易地找到其

想要的商品。

（2）将推荐信息放置于网页中更显著的位置，并以显眼的颜色展示。

（3）不要在购物网站中植入过多的弹出式对话框或 flash 动态广告，因为这会影响网页的加载速度与网站的稳定性。

（4）不宜将免运费门槛设得过高（亚马逊目前为 99 元），对于不同等级的会员应设置不同的免运费门槛。如京东的钻石会员免运费门槛是 79 元，而其他等级会员的免运费门槛则为 99 元。

（5）优化物流配送系统，加强对第三方卖家的管理。因为第三方卖家通常使用价格低廉的物流公司，这些公司服务质量较差，会严重影响消费者的整体网购体验。

（6）加强对消费者个人信息的保护，不要为了短期商业目的把消费者个人信息泄露给其他公司，这会损害网站的长期声誉（谭晓林，等，2015）。

3. 从推荐展示界面、推荐原因解释和互动等方面提高推荐系统质量

（1）优化推荐系统的界面设计，如在推荐界面中设置"排序"功能，方便消费者按商品类别、用户评分和价格等对推荐商品排序，同时可重点展示正在促销的推荐商品。

（2）展示推荐商品的详细信息，如用户评分、评论数量和预测偏好分值等。

（3）主动向消费者解释推荐产生的原因，如"我们提供这个推荐是因为您说过您已拥有……""因为您评级了……""因为您的'心愿单'包含……""因为您已经购买……"和"因为您已将……添加至您的购物车"等。

（4）提供奖励机制，加强与消费者的互动。如由于缺少新用户的数据，推荐系统对新用户的偏好不够了解，存在"冷启动"问题（Xiao，Benbasat，2007），导致推荐信息质量不高，此时可用网站积分、优惠券和返券等奖励鼓励消费者主动输入个人偏好信息。

（5）优化评价机制，鼓励消费者以图文并茂的方式对推荐商品进行评价，并给予相应奖励。

四、本章小结

结合信息系统成功模型、技术接受模型和信任理论，本章探索了购物网站

服务质量、推荐系统质量和推荐信息质量对感知有用性、感知易用性和信任的影响，以及三者进一步对推荐采纳意向的影响。

然而，技术接受模型主要是用于探索用户对一项新的信息技术的接受意向与接受行为（高芙蓉，2010；李武，赵星，2016；杨文正，等，2015；姚公安，覃正，2010）。用户采纳信息系统是信息系统成功的短期目标，用户持续使用信息系统则是信息系统成功的最终目标（郑大庆，等，2014）。帕塔萨拉蒂和巴塔克里（Parthasarathy，Bhattacherjee，1998）指出，争取一位新用户所需要的成本是维系一位老用户的五倍。因此，对于信息系统的长期发展而言，用户的持续使用比其初始采纳更为重要（郭晴，2014）。

那么，用户在初次采纳推荐信息之后，是否愿意持续使用推荐系统？这关乎网络商家能否获得长期成功。因此，作者在下一章中引入信息系统研究领域的基于期望确认理论的信息系统持续使用模型，构建推荐系统持续使用模型，对该问题做进一步的探索。

第四章　推荐系统持续使用模型

第一节　理论基础

一、期望确认理论

期望确认理论（Expectation Confirmation Theory，ECT）最早由奥利弗（Oliver，1977；1980）提出，是研究消费者满意度的基础理论（巢乃鹏，等，2014）。

期望确认理论的核心观点为：消费者会以购买前的期望与购买后对产品/服务的感知绩效的比较结果，来判断是否对产品/服务满意，而满意度将成为消费者之后再次购买或使用产品/服务的参考依据（见图4-1）。

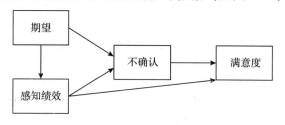

图4-1　期望确认理论

资料来源：根据 Oliver（1980）的论述，经作者理解，由作者编绘而成。

按照期望确认理论对消费者重复购买行为的解释：在购买之前，消费者会对购买的产品/服务有某种期望；在使用产品或体验服务之后，消费者会建立对产品/服务的感知；最后，消费者会根据消费体验与最初期望的匹配程度确定其满意度，进而决定是否再次购买。如果体验超过预期，消费者形成正向确认，产生再次购买意向；而如果预期超过体验，消费者就会形成负向确认，取消再次购买意向。消费者体验超过预期越多，其满意度越高，消费者再次购买意向越强烈；反之亦然。

期望确认理论被广泛应用于消费者行为学，用以研究消费者的满意度、购买后行为和再次购买意向等（陈渝，等，2014）。

二、基于期望确认理论的信息系统持续使用模型

巴塔克里（Bhattacherjee，2001）认为，用户对于信息系统的持续使用行为与消费者的产品/服务重复购买行为是类似的。基于此，结合电子商务的特点，巴塔克里（Bhattacherjee，2001）在研究网上银行用户的持续使用意向时，首次将广泛应用于消费者行为研究领域的期望确认理论引入信息系统研究领域，并结合技术接受模型，提出了基于期望确认理论的信息系统持续使用模型，以使其符合信息系统的使用情境（陈渝，等，2014；郭晴，2014；萧文龙，2014）。

基于期望确认理论的信息系统持续使用模型认为：消费者以其使用前期望与使用后绩效的比较结果（期望确认），来判断信息系统是否有用（感知有用性），期望确认与感知有用性共同影响消费者对信息系统的满意度，感知有用性与满意度最终影响消费者对信息系统的持续使用意向（见图4-2）。

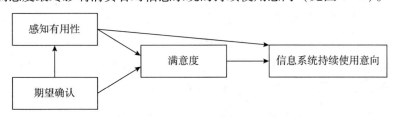

图4-2 基于期望确认理论的信息系统持续使用模型

资料来源：根据 Bhattacherjee（2001，p. 356，Figure 2）的原图，由作者重新编绘而成。

据 Google 学术统计，巴塔克里（Bhattacherjee，2001）的这篇经典论文的被引量超过 3700 次，影响力巨大。

之后，巴塔克里等（Bhattacherjee et al.，2008）对基于期望确认理论的信

息系统持续使用模型进行了理论扩展与实证检验，将感知行为控制理论中的信息技术自我效能（IT self – efficacy）、便利条件（facilitating conditions）和持续使用行为三个变量引入模型，从而构建了扩展的信息系统持续使用模型。面向乌克兰政府机关的管理者与员工，通过使用问卷调查法与追踪研究方法收集数据，并运用结构方程模型分析数据，巴塔克里等（Bhattacherjee et al.，2008）发现模型中的所有假设均得到实证支持，且相比于初始模型（见图 4 - 2），扩展的信息系统持续使用模型能更好地解释用户的持续使用意向与行为（见图 4 – 3）。

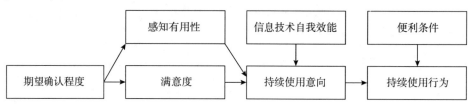

图 4 – 3 扩展的信息系统持续使用模型

资料来源：根据 Bhattacherjee et al.（2008，p. 20，Figure 2）的原图，由作者重新编绘而成。

技术接受模型主要是探索用户对一项新的信息技术的初始采纳意向及行为。与之不同的是，基于期望确认理论的信息系统持续使用模型则是探索用户在初次采纳之后，是否愿意持续使用该信息系统（李武，赵星，2016）。郑大庆等（2014）指出，用户采纳信息系统是信息系统成功的短期目标，而用户持续使用信息系统则是信息系统成功的最终目标。帕塔萨拉蒂和巴塔克里（Parthasarathy，Bhattacherjee，1998）指出，争取一位新用户所需要的成本是维系一位老用户的五倍。可见，对于信息系统的长期发展而言，用户的持续使用比其初始采纳更为重要（郭晴，2014）。

基于期望确认理论的信息系统持续使用模型得到了广泛的验证与应用（巢乃鹏，等，2014），并成为当前大多数学者研究用户持续使用行为的基础（郭晴，2014；赵杨，高婷，2015）。

三、基于信息系统持续使用模型的相关研究

现有研究主要是在图书馆、情报、新闻学、传播学和教育学等领域验证、扩展和应用基于期望确认理论的信息系统持续使用模型。

在计划行为理论的基础上，曾李等（2014）结合期望确认理论与信息系统成功模型构建了用户对手机阅读应用软件的持续使用模型。通过使用在线问卷调查法收集数据，并运用结构方程模型分析数据，曾李等（2014）发现：①用户满意度是影响手机阅读应用软件持续使用意向的最主要因素。②感知有用性对持续使用意向有两条影响路径：一方面，感知有用性直接影响用户的持续使用意向；另一方面，感知有用性通过满意度间接影响持续使用意向。③感知易用性对持续使用意向影响显著。④主观规范（外部影响、人际影响）通过满意度间接影响持续使用意向。⑤感知服务商特性（感知系统质量、感知信息质量和感知服务质量）通过影响满意度间接影响持续使用意向（见图4－4）。

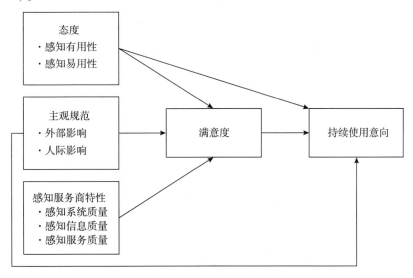

图4－4 手机阅读应用软件持续使用模型

资料来源：根据曾李等（2014，p. 87，图1）的原图，由作者重新编绘而成。

基于任务－技术匹配理论与信息系统持续使用模型，郭晴（2014）探索了高校移动图书馆用户持续使用意向的影响因素。通过使用问卷调查法收集数据，运用 PLS－SEM 分析数据，郭晴（2014）发现：①任务－技术匹配是影响用户感知有用性与满意度的关键因素；②感知有用性与满意度进一步影响用户持续使用意向；③任务－技术匹配受到移动图书馆技术特征与用户任务特征的直接影响（见图4－5）。

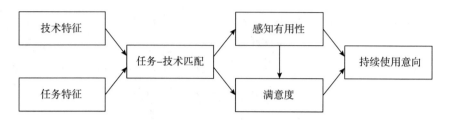

图4-5 高校移动图书馆持续使用模型

资料来源：根据郭晴（2014，p.35，图2）的原图，由作者重新编绘而成。

　　基于信息系统持续使用模型，陈美玲等（2014）根据移动学习的特点，增加了感知易用性与感知移动性价值两个变量，构建了移动学习用户持续使用模型。面向在校大学生，使用问卷调查法收集数据，运用结构方程模型分析数据并对初始模型进行修正，陈美玲等（2014）发现：①感知移动性价值、期望确认程度、感知易用性、感知有用性和满意度均会直接或间接影响移动学习用户的持续使用意向；②五者对移动学习用户的持续使用意向的影响力大小依次为：满意度、感知移动性价值、期望确认程度、感知易用性、感知有用性（见图4-6）。

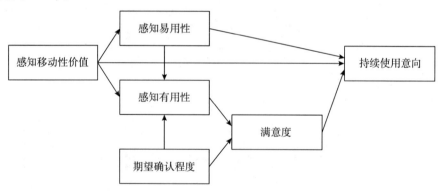

图4-6 移动学习用户持续使用模型

资料来源：根据陈美玲等（2014，p.46，图4）的原图，由作者重新编绘而成。

　　以扩展的信息系统持续使用模型与技术接受模型等为理论基础，陈渝等（2014）以习惯作为关键变量，构建了信息系统采纳后习惯对用户持续使用行为的影响模型。通过使用问卷调查法收集数据，并运用 PLS-SEM 分析数据，陈渝等（2014）发现：①习惯与便利条件均对持续使用行为有显著的正向影响；②习惯对满意度、系统使用方便性、系统使用重要性、便利条件和持续性承诺与系统持续使用行为之间的关系起中介作用；③持续性承诺对习惯行为有显著的正向影响（见图4-7）。

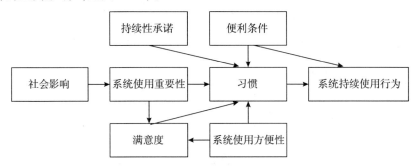

图4-7　信息系统采纳后习惯对用户持续使用行为的影响模型

资料来源：根据陈渝等（2014，p.409，图1）的原图，由作者重新编绘而成。

以"3Q"大战为背景，以基于期望确认理论的信息系统持续使用模型为理论基础，并以QQ软件为研究对象，郑大庆等（2014）探索了在存在外部影响的情况下，QQ软件持续使用的机理。通过使用问卷调查法进行数据收集，并运用结构方程模型进行数据分析，郑大庆等（2014）发现提出的九个假设均得到支持（见图4-8），具体而言：①期望确认程度显著地正向影响满意度；②有两种作用机制影响用户持续使用意向，即以满意度为核心的促进机制与以态度为核心的促进机制；③用户感知的信息系统绩效在持续使用中具有非常重要的作用（见图4-8）。

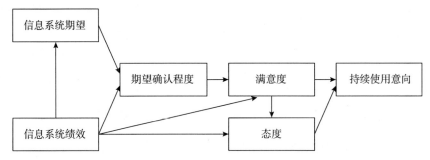

图4-8　修订的期望-确认模型

资料来源：根据郑大庆等（2014，p.126，图2）的原图，由作者重新编绘而成。

以信息系统持续使用模型与基于使用满足理论的新媒体权衡需求理论为基础，并引入主观规范（包括人际影响与外部影响）这一变量，巢乃鹏等（2014）构建了用户持续使用新媒体意向的整合模型。面向453位3G用户，通过使用问卷调查法收集数据，并运用回归分析法分析数据，巢乃鹏等（2014）发现：①功能满足度、心理满意度和人际影响均对用户的持续使用意向有显著的正向影响；②功能满足度、感知有用性和期望确认程度对用户的心理满意度有显著的正向影响；③功能满足度与期望确认程度对感知有用性有显著的正向影响；④功能满足度对心理满意度与持续使用意向的影响仅在其他因素不发挥作用的情况下才能体现出来；⑤外部影响对持续使用意向没有显著影响；⑥在持续使用阶段，主动性因素与被动性因素均会对用户持续使用新媒体的意向产生影响，但是相比较而言，主动性因素发挥的作用更大（见图4-9）。

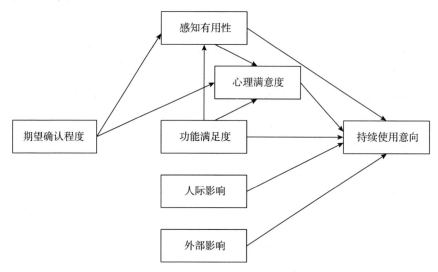

图4-9　用户持续使用新媒体意向的整合模型

资料来源：根据巢乃鹏等（2014，p. 128，图2）的原图，由作者重新编绘而成。

基于用户保留与信息系统持续使用模型等相关理论，并结合新兴在线旅游网站的特点，王玮和刘玉（2014）构建了影响消费者持续使用新兴在线旅游网站意向的研究模型。通过使用问卷调查法，面向254位使用中国新兴在线旅游网站的消费者收集数据，并运用结构方程模型分析数据，王玮和刘玉

（2014）发现：①在线旅游网站的信息质量、口碑和消费者的期望确认显著地正向影响消费者的持续意向；②满意度与信任在上述影响机制中扮演着中介变量的作用，信息质量、口碑和期望确认通过满意度与信任间接影响消费者的持续意向；③消费者对以往购买经历的满意度不仅会直接影响其持续意向，还会通过对网站的信任来间接影响其持续意向（见图4－10）。

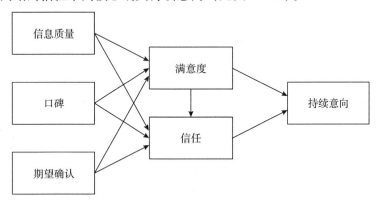

图4－10 消费者持续使用新兴在线旅游网站的研究模型

资料来源：根据王玮和刘玉（2014，p.87，图1）的原图，由作者重新编绘而成。

基于扩展的信息系统持续使用模型，杨文正等（2015）构建了数字教育资源用户持续使用行为的研究模型，探索了影响数字教育资源用户持续使用行为的主要因素及机制。面向中学教师，通过使用问卷调查法收集到310份有效问卷，并运用结构方程模型分析数据，杨文正等（2015）发现：①用户对数字教育资源的持续使用行为受到用户持续使用意向与便利条件的直接影响，其中便利条件的影响更为显著；②用户满意度显著地正向影响用户持续使用意向，而用户的自我效能对其持续使用意向的影响不显著；③用户使用数字教育资源的满意度受到期望确认程度的显著正向影响；④数字教育资源的系统质量与服务质量均显著地正向影响用户的期望确认程度，进而影响感知有用性（见图4－11）。

从中国移动图书馆APP的发展与使用现状出发，并基于信息系统持续使用模型与信息系统成功模型，赵杨和高婷（2015）探索了用户持续使用移动图书馆APP的意向与行为机理。通过问卷调查法收集数据，并运用结构方程模型分析数据，赵杨和高婷（2015）发现：①期望确认与感知有用性均对用户满意度有显著的正向影响，其中期望确认的影响力更大；②期望确认通过感知有用性与满意度的中介作用间接影响用户的持续使用意向，并最终影响其持续使用行为，且满意度的影响力比感知有用性更大；③系统质量、信息质量和服务质量均显著地正向影响用户的期望确认，其中信息质量的影响力最大；④感知成本对用户持续使用移动图书馆 APP 意向的负向影响不显著；⑤习惯对用户持续使用意向与持续使用行为之间的关系起调节作用（见图 4 – 12）。

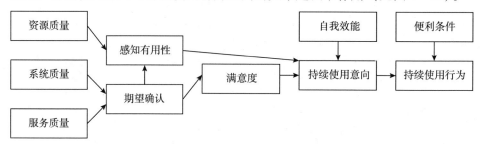

图 4 – 11　数字教育资源用户持续使用行为的研究模型

资料来源：根据杨文正等（2015，p. 56，图 1）的原图，由作者重新编绘而成。

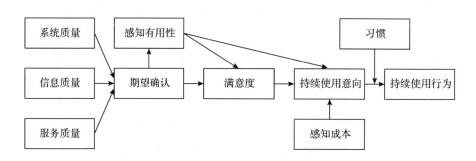

图 4 – 12　移动图书馆 APP 用户持续使用模型

资料来源：根据赵杨和高婷（2015，p. 96，图 1）的原图，由作者重新编绘而成。

结合信息系统持续使用模型、信息系统成功模型、动机理论，以及使用与满足理论，赵英和范娇颖（2016）以微信、微博和人人网为例，探索与对比了大学生持续使用社交媒体的影响因素。通过使用问卷调查法收集数据，运用探索性因子分析与验证性因子分析开发出微信量表、微博量表和人人网量表，并根据因子分析的结果，重新修正了大学生持续使用社交媒体（微信、微博和人人网）的影响因素模型（见图 4 – 13、图 4 – 14、图 4 – 15）。

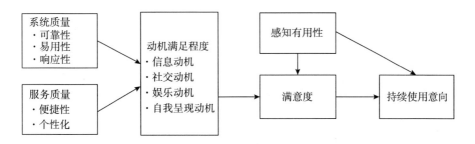

图 4 – 13 大学生持续使用微信的影响因素模型

资料来源：根据赵英和范娇颖（2016，p. 192，图 2）的原图，由作者重新编绘而成。

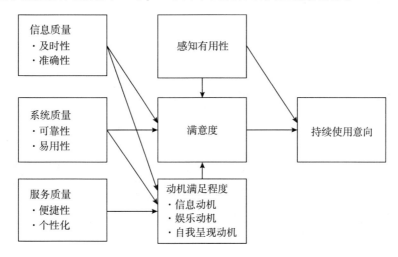

图 4 – 14 大学生持续使用微博的影响因素模型

资料来源：根据赵英和范娇颖（2016，p. 192，图 3）的原图，由作者重新编绘而成。

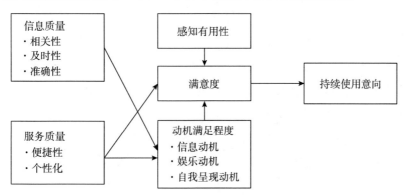

图 4 – 15 大学生持续使用人人网的影响因素模型

资料来源：根据赵英和范娇颖（2016，p. 192，图 4）的原图，由作者重新编绘而成。

运用结构方程模型进行数据分析，赵英和范娇颖（2016）发现：

（1）三种社交媒体的共同之处为：第一，服务质量是唯一一个对大学生持续使用微信、微博和人人网都起作用的外部变量。第二，动机满足程度正向影响满意度，从而间接影响持续使用意向；第三，满意度直接影响持续使用意向。

（2）社交媒体间的两两相同之处为：第一，微信与微博的系统质量都包括了可靠性与易用性，消费者对微信与微博的感知有用性均直接影响持续使用意向；第二，微博与人人网的信息质量都是影响动机满足程度的最重要因素，而信息质量均包括及时性与准确性两个维度。

（3）三种社交媒体的不同之处。第一，对于微信而言：微信的信息质量既不直接影响满意度，也不影响动机满足程度；动机满足程度对系统质量及服务质量和满意度之间的关系起中介作用。相比微博与人人网，微信的社交动机满足程度是非常重要的；微信的系统质量相比于微博而言，多了一个响应性维度。第二，对微博而言：微博是唯一一个同时受到信息质量、系统质量和服务质量三个外部因素影响的社交媒体；微博也是唯一一个信息质量会直接影响满意度的社交媒体。第三，对人人网而言，系统质量既不影响满意度，也不影响动机满足程度；感知有用性对持续使用意向的直接影响不显著，而是通过满意度来间接影响持续使用意向。

基于信息系统持续使用模型、使用与满足理论和社会影响理论，胡勇（2016）探索了大学生持续使用微信的影响因素。通过使用问卷调查法收集数据，并运用结构方程模型分析数据，胡勇（2016）发现：①期望确认显著地正向影响社交需要、认知需要和娱乐需要，期望确认、认知需要和娱乐需要对微信的使用满意度有显著的正向影响；②社会影响、使用满意度和社交需要显著地正向影响大学生的微信持续使用意向；③认知需要对微信的持续使用意向的影响不显著（见图4-16）。

基于信息系统持续使用模型，结合电子政务的服务对象、服务层次，引入信任、网络外部性、感知易用性和服务质量四个影响因素，汤志伟等（2016）构建了政府网站的公众持续使用意向影响因素的研究模型，以揭示政府网站持续使用产生的内在机理与逻辑。通过使用问卷调查法收集数据，并运用结构方程模型分析数据，汤志伟等（2016）发现：①公众持续使用政府网站意向的高低取决于期望确认程度与满意度，而公众的期望确认程度与满意度受到服务层次、感知有用性、信任和服务质量等因素的影响；②公众对政府网站的信任是影响其持续访问的关键因素；③服务层次、服务质量和网络外部性会直接或间接地影响持续使用意向（见图4-17）。

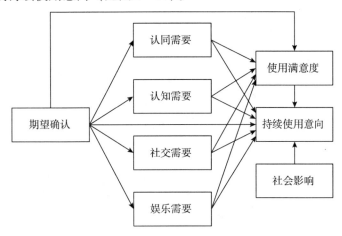

图4-16　大学生持续使用微信的影响因素模型

资料来源：根据胡勇（2016，p.87，图2）的原图，由作者重新编绘而成。

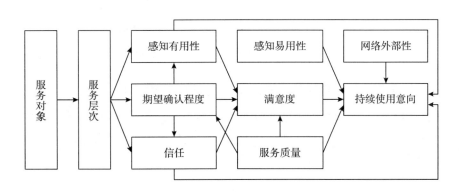

图4-17　政府网站的公众持续使用意向影响因素研究模型

资料来源：根据汤志伟等（2016，p.28，图2）的原图，由作者重新编绘而成。

　　基于信息系统持续使用模型，李武和赵星（2016）构建了用户社会化阅读APP持续使用意向及其发生机理模型。面向正在使用社会化阅读APP的大学生，通过使用问卷调查法收集数据，并运用结构方程模型分析数据，李武和赵星（2016）发现：①大学生在使用社会化阅读 APP 的过程中所形成的期望确认程度与满意度是影响他们持续使用该类 APP 的重要因素；②大学生在社会化阅读 APP 使用过程中所形成的阅读有用性认知显著影响他们对该类 APP 的满意度与持续使用意向，但社交有用性认知的影响不显著；③大学生社会化阅读 APP 的持续使用意向不仅取决于信息系统持续使用模型所包括的变量，同时也受主观规范等其他变量的影响；④除对大学生社会化阅读 APP 的持续使用意向存在显著影响之外，主观规范也对他们的阅读有用性认知与社交有用性认知有重要的作用（见图 4 – 18）。

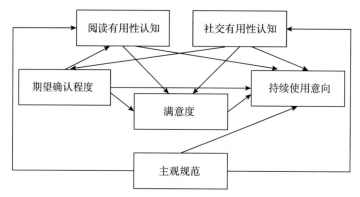

图 4 – 18　社会化阅读 APP 持续使用意向及其发生机理模型

资料来源：根据李武和赵星（2016，p. 59，图 5）的原图，由作者重新编绘而成。

　　然而，很少有研究探索信息系统持续使用模型在网络购物环境下的应用，也很少有研究基于信息系统持续使用模型，探索推荐系统的使用与特性对消费者的营销效果。基于此，作者将信息系统持续使用模型引入推荐系统研究领域，构建推荐系统持续使用模型（见图 4 – 19）。

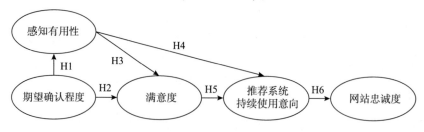

图 4 – 19　推荐系统持续使用模型

第二节 研究模型与研究假设

如前所述，基于期望确认理论的信息系统持续使用模型的核心构架（Bhattacherjee，2001）已被大量研究在信息系统、图书馆、情报、新闻学、传播学和教育学等领域验证、扩展和应用。即：期望确认程度显著地正向影响感知有用性；期望确认程度显著地正向影响满意度；感知有用性显著地正向影响满意度；感知有用性显著地正向影响推荐系统持续使用意向；满意度显著地正向影响推荐系统持续使用意向。

菲茨西蒙斯和莱曼（Fitzsimons，Lehmann，2004）发现，当个性化推荐与消费者对产品的最初印象相矛盾时（即期望没有得到确认），消费者可能会产生更低的决策满意度、更高的决策困难，并且更大可能选择没有被推荐的商品。

更重要的是，推荐系统作为一种新的信息系统，消费者在初次采纳推荐系统提出的推荐建议之后，是否愿意持续使用推荐系统？为了探索该问题，本研究提出假设 H1 ~ H5：

H1：消费者对推荐系统的期望确认程度正向影响消费者对推荐系统的感知有用性。

H2：消费者对推荐系统的期望确认程度正向影响消费者对推荐系统的满意度。

H3：消费者对推荐系统的感知有用性正向影响消费者对推荐系统的满意度。

H4：消费者对推荐系统的感知有用性正向影响消费者对推荐系统的持续使用意向。

H5：消费者对推荐系统的满意度正向影响消费者对推荐系统的持续使用意向。

相比传统的购物环境，在网络购物环境下，消费者转换网络商家的成本很低（Wang，Benbasat，2005），他/她可能仅仅因为同一件商品在另一家网店略为便宜就去那家购买，这导致网络商家保持顾客忠诚度十分困难。

很多推荐系统是使用用户之前与购物网站的交互信息（如浏览、收藏、购买和评价等）来产生推荐结果。推荐系统就像一位私人购物助理，随着消费者与购物网站之间交互的增多，会变得越来越了解消费者的偏好，从而为当前消费者做出更为精准的推荐。此时，因为很难再找到这样贴心的私人购物助理，消费者转换网络商家的成本就会增加（Pathak et al.，2010；孙鲁平，等，2016）。一旦消费者觉得自己再也离不开推荐系统这样的私人购物助理，他/她就会与推荐系统形成一种密不可分的"人际关系"（Wang，Benbasat，2005），从而就会越来越多地在该网店进行购买，即使商品价格略高也在所不惜。

基于以上论述，作者推测：如果消费者愿意持续使用推荐系统，那么他/她可能也愿意长期在使用该推荐系统的购物网站购物。因此，本研究提出假设 H6：

H6：消费者对推荐系统的持续使用意向正向影响消费者对购物网站的忠诚度。

第三节　研究方法

一、问卷设计

本研究使用问卷调查法收集数据。问卷中的问项主要源于现有文献。使用调查问卷初稿，作者运用访谈法，在亚马逊位于北京的某自提点对亚马逊的20 位消费者进行了预调查。根据预调查的结果，作者对调查问卷初稿进行了完善，从而得到正式调查问卷（见表 4 - 1）。除样本特征外，所有问项均使用7 点李克特量表，1 表示"完全不同意"，7 表示"完全同意"。

二、数据收集

数据收集过程以及样本特征见第三章第三节相关部分，此处不再重复。

三、统计分析方法

笔者使用 SmartPLS v. 3. 2. 3 软件进行数据分析。在如图 4 - 19 所示的研究模型中，满意度与推荐系统持续使用意向被两个箭头指到，为所有构面中最多。在这种情况下，根据海尔等（Hair et al.，2014）的建议，在 $\alpha = 0.05$ 的显著性水平下，要检验出最小 0.10 的 R^2 值，最小样本量为 110 个。本研究的有效样本量为 218 个，满足要求。

表 4-1　推荐系统持续使用模型的构面、问项及其来源

构面		问项	来源
期望确认程度	EC1	使用推荐系统的体验超出了我的期望	Bhattacherjee（2001）
	EC2	推荐系统提供的服务水平比我期望的更好	
	EC3	总体而言，我对于使用推荐系统的大部分期望得到了满足	
感知有用性	PU1	亚马逊的推荐系统提高了我的网购效率	Chen（2010）；周涛等（2011）
	PU2	亚马逊的推荐系统使网购变得更简单	
	PU3	亚马逊的推荐系统使网购变得更便利	
	PU4	总体来说，亚马逊的推荐系统是有用的	
满意度	SF1	我对亚马逊的推荐系统感到满意	Bhattacherjee（2001）
	SF2	使用亚马逊的推荐系统，我感到很愉悦	
	SF3	每次使用亚马逊的推荐系统，我都有很好的体验	
推荐系统持续使用意向	RSCI1	我打算以后继续使用推荐系统	Bhattacherjee（2001）
	RSCI2	我以后会更多地使用推荐系统辅助我进行网购	
	RSCI3	我以后可能不会再使用推荐系统	
网站忠诚度	WL1	我会对其他人宣传亚马逊网站的优点	Parasuraman et al.（2005）
	WL2	我会把亚马逊网站推荐给那些向我征询意见的人	
	WL3	我会鼓励亲947好友等在亚马逊网站上进行购物	
	WL4	在进行网购时，亚马逊网站是我的第一选择	
	WL5	我以后会更多地在亚马逊网站上进行购物	

注：EC 指 Expectation Confirmation（期望确认程度）；PU 指 Perceived Usefulness（感知有用性）；SF 指 Satisfaction（满意度）；RSCI 指 Recommender Systems Continuance Intention（推荐系统持续使用意向）；WL 指 Website Loyalty（网站忠诚度）。

第四节　数据分析

一、外模型

1. 信度检验

笔者运用 SmartPLS v.3.2.3 软件进行信度检验与收敛效度检验，发现：各

问项的因子载荷均大于 0.7 的限制性水平（Hulland，1999）。各构面的 Cronbach's α 值与 CR 值均大于 0.7 的限制性水平（Bagozzi，Yi，1988），这表明量表有良好的信度（见表 4 – 2）。

表 4 – 2　推荐系统持续使用模型的信度检验与收敛效度检验

构面	问项	平均值（标准差）	因子载荷	Cronbach's α	CR	AVE
期望确认程度（EC）	EC1	4.21（0.97）	0.872	0.823	0.895	0.739
	EC2	4.35（0.94）	0.880			
	EC3	4.63（1.01）	0.827			
感知有用性（PU）	PU1	4.65（1.04）	0.846	0.900	0.930	0.769
	PU2	4.66（0.98）	0.878			
	PU3	4.90（1.04）	0.901			
	PU4	5.08（1.04）	0.881			
满意度（SF）	SF1	4.77（1.02）	0.886	0.872	0.921	0.796
	SF2	4.65（0.95）	0.893			
	SF3	4.57（1.00）	0.897			
推荐系统持续使用意向（RSCI）	RSCI1	4.67（0.94）	0.909	0.880	0.926	0.806
	RSCI2	4.56（0.99）	0.889			
	RSCI3	4.89（0.93）	0.896			
网站忠诚度（WL）	WL1	4.50（0.92）	0.850	0.879	0.912	0.674
	WL2	4.72（0.90）	0.808			
	WL3	4.23（0.88）	0.858			
	WL4	3.58（0.87）	0.765			
	WL5	4.05（0.86）	0.822			

注：EC 指 Expectation Confirmation（期望确认程度）；PU 指 Perceived Usefulness（感知有用性）；SF 指 Satisfaction（满意度）；RSCI 指 Recommender Systems Continuance Intention（推荐系统持续使用意向）；WL 指 Website Loyalty（网站忠诚度）。

2. 效度检验

（1）收敛效度。各构面的 AVE 均大于 0.5 的限制性水平（Bagozzi，Yi，1988），这表明量表有良好的收敛效度（见表 4 – 2）。

（2）区别效度。每个构面的 AVE 的平方根值均大于它与其他构面的相关系数（Fornell，Larcker，1981），这表明量表具有良好的区别效度（见表 4 – 3）。

表 4－3　推荐系统持续使用模型各构面的 AVE 的平方根值与构面间的相关系数

构面	EC	PU	SF	RSCI	WL
EC	**0. 860**				
PU	0. 197	**0. 877**			
SF	0. 297	0. 712	**0. 892**		
RSCI	0. 638	0. 277	0. 295	**0. 898**	
WL	0. 564	0. 168	0. 257	0. 613	**0. 821**

注：①EC 指 Expectation Confirmation（期望确认程度）；PU 指 Perceived Usefulness（感知有用性）；SF 指 Satisfaction（满意度）；RSCI 指 Recommender Systems Continuance Intention（推荐系统持续使用意向）；WL 指 Website Loyalty（网站忠诚度）。

②对角线上的粗体数值为各构面的 AVE 的平方根值，其他数值为构面间的相关系数。

3. 指标权重的显著性检验

根据海尔等（Hair et al. ，2014）的建议，作者采用 Bootstrapping 抽样 5000 次，发现所有问项的外部权重（outer weights）均在 $\alpha = 0.05$ 的显著性水平下显著，故所有问项均保留。最后，依据海尔等（Hair et al. ，2014）的建议，PLS－SEM 无须检验模型的拟合优度。

二、内模型

1. 路径分析与假设检验

根据海尔等（Hair et al. ，2014）的建议，作者采用 Bootstrapping 抽样 5000 次，得到内模型的路径分析与假设检验结果（见图 4－20 与表 4－4）。

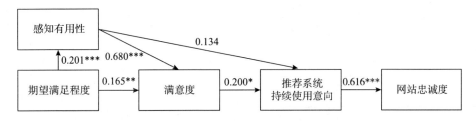

图 4－20　推荐系统持续使用模型的结构模型路径分析与假设检验结果

注：①各箭头中间的数字表示路径系数。

②* 表示 p 值 < 0. 05；** 表示 p 值 < 0. 01；*** 表示 p 值 < 0. 005。

表4-4   推荐系统持续使用模型的结构模型路径系数的显著性检验结果

研究假设	结构模型路径	路径系数	t 值	p 值	假设检验结果
H1	EC→PU	0.201	2.974	0.003	支持
H2	EC→SF	0.165	2.776	0.006	支持
H3	PU→SF	0.680	15.222	0.000	支持
H4	PU→RSCI	0.134	1.381	0.167	不支持
H5	SF→RSCI	0.200	2.191	0.029	支持
H6	RSCI→WL	0.616	13.527	0.000	支持

注：①EC 指 Expectation Confirmation（期望确认程度）；PU 指 Perceived Usefulness（感知有用性）；SF 指 Satisfaction（满意度）；RSCI 指 Recommender Systems Continuance Intention（推荐系统持续使用意向）；WL 指 Website Loyalty（网站忠诚度）。

②Bootstrapping 抽样 5000 次，检验类型为双尾检验，显著性水平 $\alpha = 0.05$。

2. 中介效应检验

笔者使用 Sobel Test（Sobel，1982）、Aroian Test（Aroian，1947）和 Goodman Test（Goodman，1960）进行中介效应检验（见表4-5）。

表4-5   推荐系统持续使用模型的中介效应检验

构面关系	衡量构面	路径系数 t – value	Sobel Test's z – value	Aroian Test's z – value	Goodman Test's z – value	中介效应显著性
EC→PU→SF	EC→PU	2.974	2.919 ***	2.913 ***	2.925 ***	显著
	PU→SF	15.222				
EC→SF→RSCI	EC→SF	2.776	1.720	1.655	1.793	不显著
	SF→RSCI	2.191				
PU→SF→RSCI	PU→SF	15.222	2.169 *	2.164 *	2.173 *	显著
	SF→RSCI	2.191				
SF→RSCI→WL	SF→RSCI	2.191	2.163 *	2.157 *	2.169 *	显著
	RSCI→WL	13.527				

注：①EC 指 Expectation Confirmation（期望确认程度）；PU 指 Perceived Usefulness（感知有用性）；SF 指 Satisfaction（满意度）；RSCI 指 Recommender Systems Continuance Intention（推荐系统持续使用意向）；WL 指 Website Loyalty（网站忠诚度）。

②* 表示 p 值 < 0.05；** 表示 p 值 < 0.01；*** 表示 p 值 < 0.005。

3. 总效应检验

期望确认程度、感知有用性、满意度和推荐系统持续使用意向对网站忠诚度的总效应均显著。其中：推荐系统持续使用意向对网站忠诚度的总效应最强（0.616），次之为感知有用性（0.166），再次为满意度（0.124），总效应最弱的是期望确认程度（0.057）（见表4-6）。

表4-6　推荐系统持续使用模型的总效应检验

结构模型路径	总效应	t 值	p 值	总效应显著性
EC→WL	0.057	2.210	0.027	显著
PU→WL	0.166	3.626	0.000	显著
SF→WL	0.124	2.098	0.036	显著
RSCI→WL	0.616	13.527	0.000	显著

注：①EC 指 Expectation Confirmation（期望确认程度）；PU 指 Perceived Usefulness（感知有用性）；SF 指 Satisfaction（满意度）；RSCI 指 Recommender Systems Continuance Intention（推荐系统持续使用意向）；WL 指 Website Loyalty（网站忠诚度）。

②总效应 = 直接效应 + 间接效应。

第五节　结论与讨论

一、研究结论

在第三章中，作者结合技术接受模型、信息系统成功模型和信任理论，探索了消费者对于推荐信息的初次采纳意向。然而，消费者对推荐系统的持续使用意向可能是判断推荐系统在长期是否成功的更重要指标（郭晴，2014；郑大庆，等，2014）。

基于此，作者引入信息系统研究领域的信息系统持续使用模型，构建了期望确认程度对感知有用性与满意度，以及两者对信息系统持续使用意向的影响模型。此外，在网络购物时代，消费者转换网络商家的成本很低（Wang，Benbasat，2005）。消费者是否会因为持续使用推荐系统，进而提高对购物网站的忠诚度，这是网站非常关心的问题，但很少有研究对此进行探索。因此，作者将网站忠诚度这一变量加入研究模型。

通过使用问卷调查法收集数据，并运用结构方程模型分析数据，作者发现：①除了感知有用性对推荐系统持续使用意向的影响不显著之外，信息系统持续使用模型的核心结构对于推荐系统是适用的；②满意度对感知有用性与推荐系统持续使用意向之间关系起到中介作用；③推荐系统持续使用意向显著地正向影响消费者对购物网站的忠诚度。

二、讨论

作者对上述研究结果做出如下解释。

1. 满意度对感知有用性与推荐系统持续使用意向之间关系的中介作用

假设 H4 没有得到支持，即感知有用性对推荐系统持续使用意向无显著影响，但中介效应检验的结果表明：满意度对感知有用性与推荐系统持续使用模型之间的关系起中介作用（见表 4 – 5）。以上表明：感知有用性对推荐系统持续使用意向的直接影响不显著；只能通过满意度这个中介变量间接影响推荐系统持续使用意向。

由于本研究给予调查对象一个月的时间充分体验亚马逊网站及其推荐系统，所以调查对象对持续使用推荐系统这项决策是高度介入的。

ABC 态度模型（Solomon，2015）认为，如果消费者对某项决策是高度介入的（标准学习层级），那么，消费者的决策过程如下：首先，消费者会广泛地搜集信息以建立自己对各个备选方案的认知；其次，消费者会评价各个备选方案并形成自己对各个备选方案的感受（情感）；最后，消费者倾向于选择他/她最喜欢的备选方案（行为意向）。这一决策过程可以总结为：认知→情感→行为。

感知有用性是消费者对推荐系统的一种理性认知，满意度是消费者对推荐系统的一种情感反应，而推荐系统持续使用意向是消费者对推荐系统的一种行为意向（刘倩，2011）。因此，基于 ABC 态度模型，消费者对持续使用推荐系统的决策过程为：感知有用性（认知）→满意度（情感）→推荐系统持续使用意向（行为意向）。这与本章的研究结论是一致的。

2. 理论贡献

上述研究结论进一步推进了推荐系统在市场营销领域的研究，拓展了基于期望确认理论的信息系统持续使用模型在市场营销研究领域与推荐系统研究领域的应用。

三、管理决策启示

基于上述研究结论，本研究为网络商家改善其推荐系统提出如下建议。

1. 提高消费者对推荐系统的持续使用意向

本章发现：期望确认程度、感知有用性、满意度和推荐系统持续使用意向对网站忠诚度的总效应均显著，且推荐系统持续使用意向对网站忠诚度的总效应最强。

因此，提高消费者对推荐系统的持续使用意向是提高消费者对购物网站的忠诚度的一条可行途径。一旦消费者觉得离不开推荐系统这样贴心的私人购物助理，那么他/她就会与推荐系统形成一种密不可分的"人际关系"（Wang，Benbasat，2005），从而就会越来越多地在使用推荐系统的购物网站进行购买，即使商品价格略高也在所不惜。

第三章与本章的研究结论表明：购物网站大力投资与广泛应用推荐系统是非常值得的，因为推荐系统不仅能在短期内提高购物网站的销售额，还能在长期提高消费者对购物网站的忠诚度。

然而，到底哪些与推荐系统本身相关的因素会影响消费者对推荐系统的持续使用意向？这一问题值得未来的研究进一步探索。

2. 提高消费者对推荐系统的满意度

本章发现：满意度通过中介变量推荐系统持续使用意向间接影响消费者对购物网站的忠诚度；期望确认程度与感知有用性均通过满意度间接影响推荐系统持续使用意向，并最终影响消费者对购物网站的忠诚度。可见，满意度在作者构建的推荐系统持续使用模型中处于中心地位。

第三章探索了感知易用性与感知有用性对消费者推荐采纳意向的影响，而本章也探索了感知有用性对推荐系统持续使用意向的影响，并发现这一影响不显著。

感知易用性与感知有用性均为消费者对推荐系统的一种认知。满意度是消费者对推荐系统的一种情感反应。就长期而言，网络商家如果想提高消费者对推荐系统的持续使用意向，进而提高消费者对购物网站的忠诚度，仅从认知层面提高消费者对推荐系统的感知有用性与感知易用性是不够的，还须从情感层面提高消费者对推荐系统的满意度等（刘倩，2011）。

然而，到底哪些与推荐系统本身相关的因素会影响消费者对推荐系统的满意度？这一问题值得未来的研究进一步探索。

四、本章小结

以基于期望确认理论的信息系统持续使用模型为理论基础，本章探索了推荐系统持续使用意向与消费者对购物网站的忠诚度的影响因素。

结合第三章与本章的内容，作者认为：就短期而言，消费者是否愿意采纳推荐系统提出的推荐信息，这是衡量推荐系统短期成功的最重要指标；而就长期而言，消费者是否愿意持续使用推荐系统，则是衡量推荐系统长期成功的最重要指标。

然而，在调研过程中作者发现：调查对象对推荐系统的评价呈现出较大的差异，即有些消费者对推荐系统评价较高，愿意采纳推荐信息，也愿意持续使用推荐系统，有些消费者则恰恰相反。为什么会出现这样的反差？作者推测这可能是由消费者的某种心理特征所决定的，故下一章将对这一问题做进一步的探索。

第五章 消费者独特性需求 -
推荐采纳模型

相比于搜索引擎等信息检索工具，推荐系统的最大优势可能在于其提出的推荐建议是个性化的。然而，并非每位消费者都喜欢个性化的推荐信息。一些消费者的独特性需求很强，他/她们认为产品与品牌是其个性的延伸，因此他/她们更倾向于购买个性化的商品，以显示其独一无二的个性（江林，等，2013；李东进，等，2015）；而另一些消费者的从众需求较强，他/她们更倾向于购买大家都在购买的大热门商品，以规避购买风险（彭惠，宋倩倩，2014）。这两类消费者对个性化推荐信息的采纳意向可能不同。基于以上论述，作者引入心理学中的消费者独特性需求理论，以探索推荐系统对消费者的营销效果的调节变量。

第一节 理论基础

一、消费者独特性需求理论及其相关研究

1. 消费者独特性需求理论

消费者独特性需求（Consumers' Need for Uniqueness，CNFU）的概念来自独特性理论。独特性理论（Snyder，Fromkin，1977）认为，尽管个体需要遵守大众化的社会规范以避免冲突，并赢得他人的认可、赞同和奖赏，但是每个人都有体现个性与追求差异性的愿望。

基于独特性理论，独特性需求是个体的一种稳定的心理特质（楼尊，2010），指在现实社会中，个体希望向他人展示自身与众不同之处或别人所不

及的地方（戚海峰，2012）。高独特性需求的个体对与他人的相似程度特别敏感，在个体感受到自身的独特性受到威胁的情境下会产生不愉快的感觉（李东进，等，2015）。此时，让自己与他人保持差异性的需求就变得急迫起来，并表现出个体追求独特性的行为，以显示出个体的独立、创新和抵制从众的个性，通过这些自我区别性行为重新获得自尊与减少负面感受（Snyder，1992）。

具体到消费者行为，商品是定义消费者自我感觉的一个重要因素，产品与品牌具有象征意义，是消费者自我的延伸（江林，等，2013；李东进，等，2015）。消费者经常为了突出自我的个性而有意识地去寻找个性化的产品与品牌（楼尊，2010），并以特定的方式向他人展示，从而满足自己的独特性需求（戚海峰，2012）。

因此，消费者独特性需求可定义为：消费者所具有的为了发现与改善自我形象及社会形象而通过获取、使用和处置消费品以寻求区别于他人的特质（Tian et al.，2001）。消费者独特性需求是消费者追求个体差异与遵守大众化社会规范两种动机相互作用的产物（戚海峰，2012）。一方面，低独特性需求的消费者会力求服从社会规范、取悦他人，以赢得他人的认可，并避免受到批评与排斥；另一方面，高独特性需求的消费者当感到自己与他人高度类似时，又会通过展示自己所拥有的产品与品牌来展示自身的与众不同及优越之处。

消费者独特性需求体现为三个方面：创造性选择的逆反、非主流选择的逆反和回避相似性（Tian et al.，2001）。

（1）创造性选择的逆反（creative choice counter – conformity）指：消费者既想区别于大多数人，又想让自己的选择为大多数人所"叫好"。这种选择虽然有一定的风险，但消费者也可能因此赢得他人对自己独特性的积极评价。在创造性选择的逆反的驱使下，消费者会购买一些标新立异的商品，并对这些商品进行装饰性地收集、整理和展示，从而形成自己独一无二的风格。

（2）非主流选择的逆反（unpopular choice counter – conformity）指：对违反群体规范的产品与品牌的选择与使用，消费者需要为此承担不被社会认可，或被评价为品位差的风险。在非主流选择的逆反的驱使下，消费者为了打破常规、习俗或向现有的消费者规范进行挑战，而购买与使用不被主流接受与认可的商品。

（3）回避相似性（avoidance of similarity）指：消费者为了打破常规与重

建自我的独特性，而不再对那些已经变得普通、常见的商品感兴趣或继续使用。在回避相似性的驱使下，消费者会贬低与避免购买及使用在他/她看来已经变得非常普遍的商品（戚海峰，2012；王长征，等，2012）。

2. 基于消费者独特性需求理论的相关研究

现有研究探索了消费者独特性需求的影响因素。

王长征等（2012）识别与区分了四种面子（个人身份面子、家庭身份面子、朋友身份面子和职业身份面子），并探索与检验了它们对消费者独特性需求的影响。通过使用问卷调查法收集数据，并运用结构方程模型分析数据，王长征等（2012）发现：个人身份面子与家庭身份面子主要通过促进自我建构来对消费者独特性需求产生抑制作用；朋友身份面子与职业身份面子主要通过增加消费者对规范性影响的敏感性来对独特性需求产生促进作用（见图5-1）。

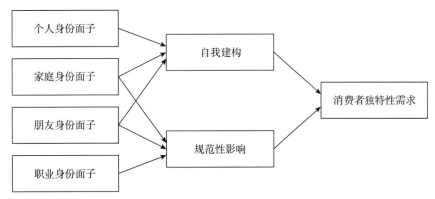

图 5-1   身份面子对消费者独特性需求的影响

资料来源：根据王长征等（2012, p.21, 图1）的原图，由作者重新编绘而成。

戚海峰（2012）认为人际间影响（或参照群体影响）分为两个维度：规范性影响与信息性影响。通过使用问卷调查法收集数据，并运用结构方程模型分析数据，戚海峰（2012）发现：规范性影响敏感性对创造性选择的逆反、非主流选择的逆反和回避相似性均有显著的正向影响；信息性影响敏感性对创造性选择的逆反有显著的正向影响，对非主流选择的逆反有显著的负向影响，但对回避相似性无显著影响（见图5-2）。

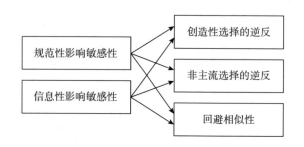

图5-2 消费者人际间影响敏感性对消费者独特性需求的影响

资料来源：根据戚海峰（2012，p. 292，图1）的原图，由作者重新编绘而成。

赵建彬（2014）认为，消费者独特性需求有两种形式：一是独立，即消费者按照自己的想法或态度进行产品选择或评价，包含敢于表达自我态度的信念与敢于漠视他人的意愿；二是反从众，是消费者为了反抗社会的影响而选择与他人不一致的行为。高独特性需求的消费者追寻的是个性（即与他人相区别），而低独特性需求的消费者追寻的是从众（即与人相似）。

运用试验设计法，赵建彬（2014）探讨了金钱概念对消费者独特性需求的影响：①实验1的研究结果表明，启动金钱概念的消费者在进行产品选择时反从众需求更强烈；②实验2的研究结果表明，金钱的丰富程度会调节金钱概念对消费者创新性选择的影响，金钱富有启动组选择独特性产品的比例要显著地高于金钱缺乏启动组与控制组；③实验3的研究结果表明，金钱概念对消费者独特性需求的影响是通过社交距离的中介作用完成的，启动金钱概念的消费者会感知到更远的社交距离，进而产生更强烈的独特性需求。

现有研究还探索了消费者独特性需求对消费者决策的影响。

基于社会认同理论与消费者独特性需求理论，张春梅等（2012）探索了消费者对靶向价格促销的评价机理，讨论了消费者独特性需求的高低、对于目标交易群体的态度、为了成为排他性交易的对象所需付出的努力水平这三个要素对于消费者对靶向价格促销评价的影响机理，并构建了消费者对靶向价格促销的评价模型。

通过使用问卷调查法收集数据，并运用结构方程模型分析数据，江林等（2013）发现：①独特性需求（包括创造性选择的逆反、非主流选择的逆反和回避相似性三个维度）高的消费者更容易感受到推荐的心理风险；②推荐的感知风险直接降低消费者的口碑推荐意愿；③产品备选规模对消费者的独特性需求与推荐的感知风险之间的关系起负向的调节作用（见图5–3）。

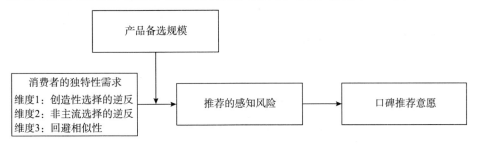

图5–3 基于消费者独特性需求的感知风险对口碑推荐意愿的影响模型

资料来源：根据江林等（2013，p.76，图1）的原图，由作者重新编绘而成。

李东进等（2015）运用实验法探索了两种稀缺情况的稀缺感知及预期后悔对购买意向的影响。研究结果表明：①有限供给与过量需求对购买意向的影响及背后的心理机制是不同的，有限供给强调独特性，过量需求则强调流行性；②有限供给与过量需求对不同消费者的吸引力是不同的，独特性需求较高的消费者偏爱有限供给的产品，独特性需求较低的消费者则偏爱过量需求的产品；③稀缺感知会激发与增强消费者的预期后悔，为了降低这种负面情感，会促使消费者提高购买意向。

然而，较少有研究探索消费者独特性需求理论在网络购物环境下的应用。

楼尊（2010）进行了尝试。以网络产品定制为背景，基于消费者视角，楼尊（2010）探索了消费者对不同网络购物参与度的情感与行为反应及其影响因素。通过情境–模拟实验设计收集数据，并运用逐步回归分析验证有中介的调节效应，楼尊发现：①感知乐趣与满足独特性需求是消费者在参与网络产品定制过程中追求的重要利益；②消费者参与度正向影响消费者的感知乐趣与购买意向，消费者独特性需求对于消费者参与度和感知乐趣及购买意向之间的关系起正向调节作用；③感知乐趣有效地传递消费者参与度、独特性需求以及两者的交互作用对购买意向的影响。其研究模型如图5–4所示。

然而，很少有研究基于消费者独特性需求理论，探索推荐系统的使用与特性对消费者网购决策的影响。

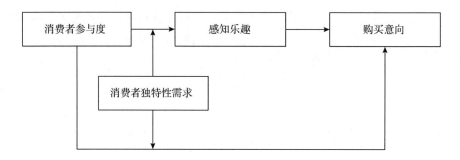

图5-4　网络产品定制条件下消费者参与度对感知乐趣与购买意向的影响

资料来源：根据楼尊（2010，p.71，图1）的原图，由作者重新编绘而成。

二、技术接受模型及其相关研究

这一部分内容见第二章第二节相关部分的论述，此处不再重复。

基于以上论述，结合技术接受模型与消费者独特性需求理论，作者构建消费者独特性需求–推荐采纳模型（见图5-5）。

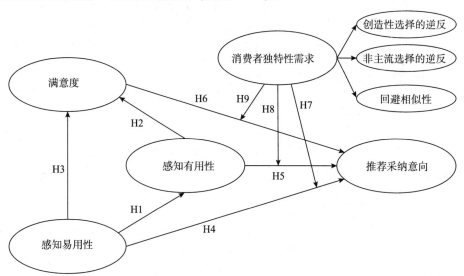

图5-5　消费者独特性需求–推荐采纳模型

注：消费者独特性需求为二阶构面，包括创造性选择的逆反、非主流选择的逆反和回避相似性三个一
　　阶构面。

第二节　研究模型与研究假设

基于技术接受模型，作者提出假设 H1：

H1：消费者对推荐系统的感知易用性正向影响消费者对推荐系统的感知有用性。

基于信息系统持续使用模型，作者提出假设 H2：

H2：消费者对推荐系统的感知有用性正向影响消费者对推荐系统的满意度。

周涛等（2011）发现，消费者对网站的感知易用性显著地正向影响消费者对网站的满意度。曾李等（2014）发现，用户对手机阅读应用软件的感知易用性显著地正向影响他/她对手机阅读应用软件的满意度。

然而，很少有研究探索消费者对推荐系统的感知易用性对于消费者之于推荐系统的满意度的影响。为了检验两者之间的关系，作者提出假设 H3：

H3：消费者对推荐系统的感知易用性正向影响消费者对推荐系统的满意度。

基于技术接受模型，作者提出假设 H4、H5：

H4：消费者对推荐系统的感知易用性正向影响消费者对推荐信息的采纳意向。

H5：消费者对推荐系统的感知有用性正向影响消费者对推荐信息的采纳意向。

如本章所述，众多研究基于信息系统持续使用模型，发现用户对各种信息系统的满意度显著地正向影响用户对这些信息系统的持续使用意向。然而，用户对信息系统的满意度是否也会影响用户对该信息系统的初步采纳意向？信息系统持续使用模型及其相关研究并不能回答这一问题。

杰洛涅和麦克莱恩（DeLone，McLean，2003）提出更新的信息系统成功模型，认为用户对信息系统的满意度影响用户对信息系统的使用意向。然而，杰洛涅和麦克莱恩（DeLone，McLean，2003）的观点能否推广到推荐系统，这需要进一步的实证检验。

肖和本巴萨特（Xiao，Benbasat，2007）提出了一个概念模型，认为用户对推荐系统的满意度影响用户对推荐系统的使用意向。然而，肖和本巴萨特

（Xiao，Benbasat，2007）并没有就此观点进行实证检验。

杨涛（2015）发现：用户对图书馆自助借还书系统的满意度显著地正向影响用户对该系统的使用意向。然而，杨涛（2015）的结论能否推广到推荐系统，这需要进一步的实证检验。

基于以上论述，作者提出假设 H6：

H6：消费者对推荐系统的满意度正向影响消费者对推荐信息的采纳意向。

目前在各大购物网站最常见、位置最显眼的推荐信息有："购买此商品的顾客也同时购买……"（亚马逊）、"买过本商品的人还买了……"（当当）、"买了该宝贝的人还买了……"（淘宝）等。基于消费者独特性需求理论（Tian et al.，2001），当看到这类推荐信息时，独特性需求较高的消费者可能觉得购买推荐商品对自己的独特性是一种威胁，从而产生不愉快的感觉（李东进，等，2015）。为了减轻这种负面感受，消费者可能倾向于拒绝推荐信息。而独特性需求较低的消费者可能觉得大家都在购买的商品肯定不错，从而倾向于采纳推荐信息。

基于以上论述，作者提出假设 H7～H9：

H7：消费者独特性需求对感知易用性与推荐采纳意向之间的关系起负向调节作用。

H7a：对那些独特性需求较高的消费者来说，感知易用性与推荐采纳意向之间的正向关系较弱。

H7b：对那些独特性需求较低的消费者来说，感知易用性与推荐采纳意向之间的正向关系较强。

H8：消费者独特性需求对感知有用性与推荐采纳意向之间的关系起负向调节作用。

H8a：对那些独特性需求较高的消费者来说，感知有用性与推荐采纳意向之间的正向关系较弱。

H8b：对那些独特性需求较低的消费者来说，感知有用性与推荐采纳意向之间的正向关系较强。

H9：消费者独特性需求对满意度与推荐采纳意向之间的关系起负向调节作用。

H9a：对那些独特性需求较高的消费者来说，满意度与推荐采纳意向之间的正向关系较弱。

H9b：对那些独特性需求较低的消费者来说，满意度与推荐采纳意向之间的正向关系较强。

第三节　研究方法

一、问卷设计

本研究使用问卷调查法收集数据。问卷中的问项主要源于现有文献。使用调查问卷初稿，作者运用访谈法，在亚马逊位于北京的某自提点对亚马逊的20位消费者进行了预调查。根据预调查的结果，作者对调查问卷初稿进行了完善，从而得到正式调查问卷（见表5–1）。除样本特征外，所有问项均使用7点李克特量表，1表示"完全不同意"，7表示"完全同意"。

表5–1　推荐采纳模型的构面、问项及其来源

二阶构面	一阶构面	问项	问项内容	问项来源
消费者独特性需求	创造性选择的逆反	CCCC1	我常常寻找独一无二的产品或品牌以创造一种属于我自己的风格	王长征等（2012）
		CCCC2	在购买商品时，我的重要目的之一就是要找到能代表我的独特性的东西	
		CCCC3	我常常把我所拥有的东西（如帽子、衣服、鞋子和包等）组合起来使用，以建立一种属于我自己的无法被复制的个人形象	
		CCCC4	我通过购买特殊的产品或品牌积极塑造我个人的独特性	
		CCCC5	我最喜欢的产品与品牌是能表达我个性的产品与品牌	
	非主流选择的逆反	UCCC1	即使会冒犯他人，我也常常采取非传统的方式打扮自己	
		UCCC2	我很少购买其他人认为正确的东西	
		UCCC3	就我所购产品与使用它的场合来说，我常打破传统规则	
		UCCC4	我喜欢通过购买他们可能不太接受的商品来挑战我所认识人群中的主流品位	
		UCCC5	在我与众不同地着装打扮时，我通常知道其他人会觉得我奇怪，但我并不在乎	

续表

二阶构面	一阶构面	问项	问项内容	问项来源
消费者独特性需求	回避相似性	AOS1	我不喜欢已被普通消费者接受与购买的产品或品牌	王长征等(2012)
		AOS2	当我已拥有的商品开始流行时，我就会减少对它的使用	
		AOS3	对于我所了解的产品或品牌，如果大家都购买，我就会回避它	
		AOS4	一般来说，我不喜欢人人都经常购买的产品或品牌	
		AOS5	我所购买的服装一旦开始流行，我就不再穿它们了	
感知有用性		PU1	亚马逊的推荐系统提高了我的网购效率	Chen(2010)；周涛等(2011)
		PU2	亚马逊的推荐系统使网购变得更简单	
		PU3	亚马逊的推荐系统使网购变得更便利	
		PU4	总体来说，亚马逊的推荐系统是有用的	
感知易用性		PEOU1	学习使用亚马逊的推荐系统是容易的	周涛等(2011)
		PEOU2	熟练使用亚马逊的推荐系统是容易的	
		PEOU3	总体来说，亚马逊的推荐系统是容易使用的	
满意度		SF1	我对亚马逊的推荐系统感到满意	Bhattacherjee(2001)
		SF2	使用亚马逊的推荐系统，我感到很愉悦	
		SF3	每次使用亚马逊的推荐系统，我都有很好的体验	
推荐采纳意向		AIOR1	我愿意浏览推荐的商品	Baier, Stüber(2010)
		AIOR2	我愿意购买推荐的商品	
		AIOR3	我愿意使用推荐系统辅助我进行网购	

注：①CCCC 指 Creative Choice Counter – Conformity（创造性选择的逆反）；UCCC 指 Unpopular Choice Counter – Conformity（非主流选择的逆反）；AOS 指 Avoidance of Similarity（回避相似性）；PU 指 Perceived Usefulness（感知有用性）；PEOU 指 Perceived Ease of Use（感知易用性）；SF 指 Satisfaction（满意度）；AIOR 指 Adoption Intention of Recommendations（推荐采纳意向）。

②消费者独特性需求为二阶构面，包括三个一阶构面：创造性选择的逆反、非主流选择的逆反和回避相似性。

二、数据收集

数据收集过程以及样本特征见第三章第三节相关部分，此处不再重复。

三、统计分析方法

笔者使用 SmartPLS v. 3. 2. 3 软件进行数据分析。在如图 5 – 5 所示的研究模型中，推荐采纳意向被三个箭头指到，为所有构面中最多。在这种情况下，根据海尔等（Hair et al.，2014）的建议，在 $\alpha = 0.05$ 的显著性水平下，要检验出最小 0.10 的 R^2 值，最小样本量为 147 个。本研究的有效样本量为 218 个，满足要求。

第四节 数据分析

一、外模型

1. 信度检验

笔者运用 SmartPLS v.3.2.3 软件进行信度检验与收敛效度检验，发现各问项的因子载荷均大于 0.7 的限制性水平（Hulland，1999）。各构面的 Cronbach's α 值与 CR 值均大于 0.7 的限制性水平（Bagozzi，Yi，1988），这表明量表有良好的信度（见表 5 – 2）。

表 5 – 2 推荐采纳模型外模型的信度检验与收敛效度检验

构面	问项	平均值（标准差）	因子载荷	Cronbach's α	CR	AVE
感知易用性 （PEOU）	PEOU1	5.24（1.08）	0.915	0.899	0.937	0.832
	PEOU2	5.10（1.00）	0.908			
	PEOU3	5.22（0.97）	0.914			
感知有用性 （PU）	PU1	4.65（1.04）	0.843	0.900	0.930	0.769
	PU2	4.66（0.98）	0.868			
	PU3	4.90（1.04）	0.906			
	PU4	5.08（1.04）	0.889			
满意度 （SF）	SF1	4.77（1.02）	0.881	0.872	0.921	0.796
	SF2	4.65（0.95）	0.897			
	SF3	4.57（1.00）	0.898			
推荐采纳意向 （AIOR）	AIOR1	4.87（1.16）	0.913	0.873	0.922	0.797
	AIOR2	4.39（0.98）	0.871			
	AIOR3	4.88（1.10）	0.893			

注：PEOU 指 Perceived Ease of Use（感知易用性）；PU 指 Perceived Usefulness（感知有用性）；SF 指 Satisfaction（满意度）；AIOR 指 Adoption Intention of Recommendations（推荐采纳意向）。

2. 效度检验

（1）收敛效度。各构面的 AVE 均大于 0.5 的限制性水平（Bagozzi，Yi，1988），这表明量表有良好的收敛效度（见表 5 - 2）。

（2）区别效度。每个构面的 AVE 的平方根值均大于它与其他构面的相关系数（Fornell，Larcker，1981），这表明量表具有良好的区别效度（见表 5 - 3）。

表 5 - 3　推荐采纳模型各构面的 AVE 的平方根值与构面间的相关系数

构面	PEOU	PU	SF	AIOR
PEOU	**0.912**			
PU	0.474	**0.877**		
SF	0.447	0.712	**0.892**	
AIOR	0.452	0.731	0.713	**0.893**

注：①PEOU 指 Perceived Ease of Use（感知易用性）；PU 指 Perceived Usefulness（感知有用性）；SF 指 Satisfaction（满意度）；AIOR 指 Adoption Intention of Recommendations（推荐采纳意向）。

②对角线上的粗体数值为各构面的 AVE 的平方根值，其他数值为构面间的相关系数。

3. 指标权重的显著性检验

根据海尔等（Hair et al.，2014）建议，作者采用 Bootstrapping 抽样 5000 次，发现所有问项的外部权重均在 $\alpha = 0.05$ 的显著性水平下显著，故所有问项均保留。最后，依据海尔等（Hair et al.，2014）的建议，PLS - SEM 无须检验模型的拟合优度。

二、内模型

1. 路径分析与假设检验

根据海尔等（Hair et al.，2014）的建议，作者采用 Bootstrapping 抽样 5000 次，得到内模型的路径分析与假设检验结果（见图 5 - 6 与表 5 - 4）。

2. 中介效应检验

笔者使用 Sobel Test（Sobel，1982）、Aroian Test（Aroian，1947）和 Goodman Test（Goodman，1960）进行中介效应检验（见表 5 - 5）。

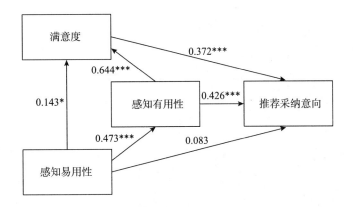

图 5 – 6 推荐采纳模型的结构模型路径分析与假设检验结果

注：①各箭头中间的数字表示路径系数。

②* 表示 p 值 < 0.05；** 表示 p 值 < 0.01；*** 表示 p 值 < 0.005。

表 5 – 4 推荐采纳模型的结构模型路径系数的显著性检验结果

研究假设	结构模型路径	路径系数	t 值	p 值	假设检验结果
H1	PEOU→PU	0.473	9.152	0.000	支持
H2	PU→SF	0.644	2.303	0.021	支持
H3	PEOU→SF	0.143	11.098	0.000	支持
H4	PEOU→AIOR	0.083	1.681	0.093	不支持
H5	PU→AIOR	0.426	5.377	0.000	支持
H6	SF→AIOR	0.372	4.736	0.000	支持

注：①PEOU 指 Perceived Ease of Use（感知易用性）；PU 指 Perceived Usefulness（感知有用性）；SF 指 Satisfaction（满意度）；AIOR 指 Adoption Intention of Recommendations（推荐采纳意向）。

②Bootstrapping 抽样 5000 次，检验类型为双尾检验，显著性水平 $\alpha = 0.05$。

表 5 – 5 推荐采纳模型的中介效应检验

构面关系	衡量构面	路径系数 t – value	Sobel Test's z – value	Aroian Test's z – value	Goodman Test's z – value	中介效应 显著性
PEOU→PU→SF	PEOU→PU	9.152	7.061 ***	7.044 ***	7.078 ***	显著
	PU→SF	11.098				
PEOU→PU→AIOR	PEOU→PU	9.152	4.636 ***	4.616 ***	4.657 ***	显著
	PU→AIOR	5.377				

构面关系	衡量构面	路径系数 $t-value$	Sobel Test's $z-value$	Aroian Test's $z-value$	Goodman Test's $z-value$	中介效应 显著性
PEOU→SF→AIOR	PEOU→SF	2.303	2.071*	2.035*	2.109*	显著
	SF→AIOR	4.736				
PU→SF→AIOR	PU→SF	11.098	4.356***	4.341***	4.371***	显著
	SF→AIOR	4.736				

注：①PEOU 指 Perceived Ease of Use（感知易用性）；PU 指 Perceived Usefulness（感知有用性）；SF 指 Satisfaction（满意度）；AIOR 指 Adoption Intention of Recommendations（推荐采纳意向）。

②* 表示 p 值 < 0.05；** 表示 p 值 < 0.01；*** 表示 p 值 < 0.005。

由表 5-5 可知，所有的中介效应均显著。虽然感知易用性对推荐采纳意向的直接影响不显著（见表 5-4），但它通过感知有用性与满意度间接影响推荐采纳意向（见表 5-5）。

3. 总效应检验

由表 5-6 可知，感知易用性、感知有用性和满意度对推荐采纳意向的总效应均显著。其中，感知有用性对推荐采纳意向的总效应最强（0.666），次之为感知易用性（0.452），总效应最弱的是满意度（0.372）。

表 5-6 推荐采纳模型的总效应检验

结构模型路径	总效应	t 值	p 值	总效应显著性
PEOU→AIOR	0.452	7.979	0.000	显著
PU→AIOR	0.666	13.625	0.000	显著
SF→AIOR	0.372	4.736	0.000	显著

注：①PEOU 指 Perceived Ease of Use（感知易用性）；PU 指 Perceived Usefulness（感知有用性）；SF 指 Satisfaction（满意度）；AIOR 指 Adoption Intention of Recommendations（推荐采纳意向）。

②总效应 = 直接效应 + 间接效应。

4. 解释力检验

根据海尔等（Hair et al.，2014）的建议，当研究消费者行为时，若 R^2 值大于 0.20，说明模型有较好的解释力。在如图 5-6 所示的结构模型中，推荐采纳意向被解释的方差（R^2 值）为 0.620，满意度的 R^2 值为 0.527，感知有

用性的 R^2 值为 0.227。三者均大于 0.20 的限制性水平，这表明模型的解释力较好。

5. 调节效应检验

基于萧文龙（2014）所推荐的方法，笔者运用 SmartPLS v. 3. 2. 3 软件分别进行如下三组调节效应检验。

1. 消费者独特性需求对感知易用性与推荐采纳意向之间关系的调节作用

上述调节作用如图 5－7 所示：

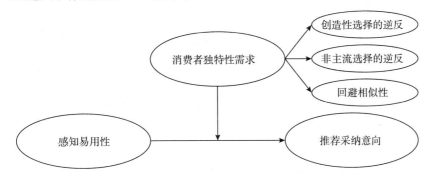

图 5－7 消费者独特性需求对感知易用性与推荐采纳意向之间关系的调节作用

上述调节作用（见图 5－7）也可用图 5－8 表示（萧文龙，2014）：

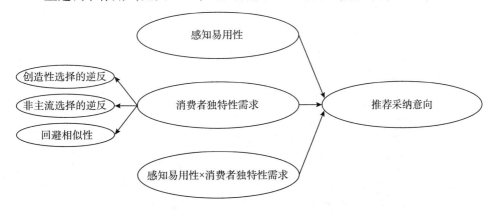

图 5－8 感知易用性、消费者独特性需求以及两者的交互作用对推荐采纳意向的影响

（1）信度检验。笔者运用 SmartPLS v. 3. 2. 3 软件进行信度检验与收敛效度检验，发现各问项的因子载荷均大于 0.7 的限制性水平（Hulland，1999）。各构面的 Cronbach's α 值与 CR 值均大于 0.7 的限制性水平（Bagozzi，Yi，1988），这表明量表有良好的信度（见表 5－7）。

表5－7　推荐采纳模型的信度检验与收敛效度检验（调节效应1）

构面	问项	平均值（标准差）	因子载荷	Cronbach's α	CR	AVE
感知易用性（PEOU）	PEOU1	5.24（1.08）	0.916	0.899	0.937	0.832
	PEOU2	5.10（1.00）	0.902			
	PEOU3	5.22（0.97）	0.917			
消费者独特性需求（CNFU）	CCCC1	4.21（1.62）	0.835	0.965	0.969	0.673
	CCCC2	4.22（1.56）	0.858			
	CCCC3	4.17（1.50）	0.849			
	CCCC4	4.12（1.55）	0.858			
	CCCC5	4.33（1.57）	0.793			
	UCCC1	3.08（1.39）	0.769			
	UCCC2	3.18（1.27）	0.743			
	UCCC3	3.30（1.35）	0.801			
	UCCC4	3.10（1.43）	0.784			
	UCCC5	3.06（1.50）	0.770			
	AOS1	3.50（1.44）	0.857			
	AOS2	3.61（1.49）	0.858			
	AOS3	3.43（1.47）	0.842			
	AOS4	3.53（1.40）	0.845			
	AOS5	3.28（1.48）	0.831			
调节效应1（ME1）	ME1		1.000	1.000	1.000	1.000
推荐采纳意向（AIOR）	AIOR1	4.87（1.16）	0.913	0.873	0.922	0.797
	AIOR2	4.39（0.98）	0.871			
	AIOR3	4.88（1.10）	0.893			

注：①调节效应1为SmartPLS v.3.2.3生成的以消费者独特性需求为调节变量，以感知易用性为自变量，以推荐采纳意向为因变量的调节效应构面。

②PEOU指Perceived Ease of Use（感知易用性）；CNFU指Consumers' Need for Uniqueness（消费者独特性需求）；CCCC指Creative Choice Counter－Conformity（创造性选择的逆反）；UCCC指Unpopular Choice Counter－Conformity（非主流选择的逆反）；AOS指Avoidance of Similarity（回避相似性）；ME1指Moderating Effect 1（调节效应1）；AIOR指Adoption Intention of Recommendations（推荐采纳意向）。

③消费者独特性需求为二阶构面，包括三个一阶构面：创造性选择的逆反、非主流选择的逆反和回避相似性。

（2）效度检验。①收敛效度。各构面的 AVE 均大于 0.5 的限制性水平
（Bagozzi，Yi，1988），这表明量表有良好的收敛效度（见表 5 - 7）。②区别效
度。每个构面的 AVE 的平方根值均大于它与其他构面的相关系数（Fornell，
Larcker，1981），这表明量表具有良好的区别效度（见表 5 - 8）。

表 5 - 8　推荐采纳模型各构面的 AVE 的平方根值与构面间的相关系数（调节效应 1）

构面	ME1	PEOU	AIOR	CNFU
ME1	**1. 000**			
PEOU	0. 177	**0. 912**		
AIOR	－ 0. 031	0. 454	**0. 893**	
CNFU	0. 008	－ 0. 215	－ 0. 502	**0. 820**

注：①ME1 指 Moderating Effect 1（调节效应 1）；PEOU 指 Perceived Ease of Use（感知易用性）；AIOR
　　指 Adoption Intention of Recommendations（推荐采纳意向）；CNFU 指 Consumers' Need for Unique-
　　ness（消费者独特性需求）。

②对角线上的粗体数值为各构面的 AVE 的平方根值，其他数值为构面间的相关系数。

（3）指标权重的显著性检验。根据海尔等（Hair et al.，2014）的建议，
作者采用 Bootstrapping 抽样 5000 次，发现所有问项的外部权重均在 $\alpha = 0.05$
的显著性水平下显著，故所有问项均保留。最后，依据海尔等（Hair et al.，
2014）的建议，PLS - SEM 无须检验模型的拟合优度。

（4）路径分析与假设检验。根据海尔等（Hair et al.，2014）的建议，作者
采用 Bootstrapping 抽样 5000 次，得到路径分析与假设检验结果（见表 5 - 9）。

表 5 - 9　推荐采纳模型的结构模型路径系数的显著性检验结果（调节效应 1，$\alpha = 0.05$）

研究假设	结构模型路径	路径系数	t 值	p 值	假设检验结果
H7	ME1→AIOR	－ 0. 097	1. 808	0. 071	不支持
	PEOU→AIOR	0. 379	6. 542	0. 000	显著
	CNFU→AIOR	－ 0. 418	7. 236	0. 000	显著

注：①ME1 指 Moderating Effect 1（调节效应 1）；AIOR 指 Adoption Intention of Recommendations（推荐采
　　纳意向）；PEOU 指 Perceived Ease of Use（感知易用性）；CNFU 指 Consumers' Need for Uniqueness
　　（消费者独特性需求）。

②Bootstrapping 抽样 5000 次，检验类型为双尾检验，显著性水平 $\alpha = 0.05$。

由表 5 - 9 可知，在 $\alpha = 0.05$ 的显著性水平下，调节效应 1 对推荐采纳意

向的影响不显著。于是，笔者根据海尔等（Hair et al.，2014）的建议，在 $\alpha =$ 0.1 的显著性水平下，再次采用 Bootstrapping 抽样 5000 次，重新得到路径分析与假设检验结果（见图 5 - 9 与表 5 - 10）。

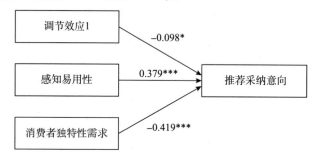

图 5 - 9　推荐采纳模型的结构模型路径分析与假设检验结果（调节效应 1）

注：①各箭头中间的数字表示路径系数。

　　②* 表示 p 值 < 0.1；** 表示 p 值 < 0.01；*** 表示 p 值 < 0.005。

表 5 - 10　推荐采纳模型的结构模型路径系数的显著性检验结果（调节效应 1，$\alpha = 0.1$）

研究假设	结构模型路径	路径系数	t 值	p 值	假设检验结果
H7	ME1→AIOR	−0.098	1.837	0.066	支持
	PEOU→AIOR	0.379	6.582	0.000	显著
	CNFU→AIOR	−0.419	7.245	0.000	显著

注：①ME1：Moderating Effect 1（调节效应 1）；AIOR 指 Adoption Intention of Recommendations（推荐采纳意向）；PEOU 指 Perceived Ease of Use（感知易用性）；CNFU 指 Consumers' Need for Uniqueness（消费者独特性需求）。

　　②Bootstrapping 抽样 5000 次，检验类型为双尾检验，显著性水平 $\alpha = 0.1$。

由表 5 - 9 与表 5 - 10 可知，假设 H7 在 $\alpha = 0.05$ 的显著性水平下没有得到支持；但在 $\alpha = 0.1$ 的显著性水平下得到支持。

（5）解释力检验。据海尔等（Hair et al.，2014）的建议，当研究消费者行为时，若 R^2 值大于 0.20，说明模型有较好的解释力。在如图 5 - 9 所示的结构模型中，推荐采纳意向被解释的方差（R^2 值）为 0.385，大于 0.20 的限制性水平，这表明模型的解释力较好。

2. 消费者独特性需求对感知有用性与推荐采纳意向之间关系的调节作用

上述调节作用如图 5 - 10 所示：

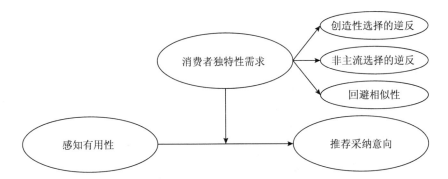

图 5 - 10　消费者独特性需求对感知有用性与推荐采纳意向之间关系的调节作用

上述调节作用（见图 5 - 10）也可用图 5 - 11 表示（萧文龙，2014）：

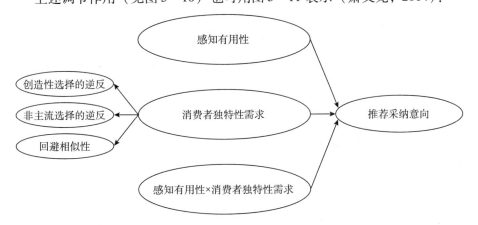

**图 5 - 11　感知有用性、消费者独特性需求以及两者的
交互作用对推荐采纳意向的影响**

（1）信度检验。笔者运用 SmartPLS v. 3. 2. 3 软件进行信度检验与收敛效度检验，发现各问项的因子载荷均大于 0. 7 的限制性水平（Hulland，1999）。各构面的 Cronbach's α 值与 CR 值均大于 0. 7 的限制性水平（Bagozzi，Yi，1988），这表明量表有良好的信度（见表 5 - 11）。

（2）效度检验。①收敛效度。各构面的 AVE 均大于 0. 5 的限制性水平（Bagozzi，Yi，1988），这表明量表有良好的收敛效度（见表 5 - 11）。②区别效度。每个构面的 AVE 的平方根值均大于它与其他构面的相关系数（Fornell，Larcker，1981），这表明量表具有良好的区别效度（见表 5 - 12）。

表 5-11　推荐采纳模型的信度检验与收敛效度检验（调节效应 2）

构面	问项	平均值（标准差）	因子载荷	Cronbach's α	CR	AVE
感知有用性 （PU）	PU1	4.65（1.04）	0.844	0.900	0.930	0.769
	PU2	4.66（0.98）	0.868			
	PU3	4.90（1.04）	0.905			
	PU4	5.08（1.04）	0.889			
消费者独特性需求 （CNFU）	CCCC1	4.21（1.62）	0.835	0.965	0.969	0.673
	CCCC2	4.22（1.56）	0.858			
	CCCC3	4.17（1.50）	0.849			
	CCCC4	4.12（1.55）	0.858			
	CCCC5	4.33（1.57）	0.793			
	UCCC1	3.08（1.39）	0.769			
	UCCC2	3.18（1.27）	0.743			
	UCCC3	3.30（1.35）	0.801			
	UCCC4	3.10（1.43）	0.784			
	UCCC5	3.06（1.50）	0.770			
	AOS1	3.50（1.44）	0.857			
	AOS2	3.61（1.49）	0.858			
	AOS3	3.43（1.47）	0.842			
	AOS4	3.53（1.40）	0.845			
	AOS5	3.28（1.48）	0.831			
调节效应 2（ME2）	ME2		1.000	1.000	1.000	1.000
推荐采纳意向 （AIOR）	AIOR1	4.87（1.16）	0.917	0.873	0.921	0.797
	AIOR2	4.39（0.98）	0.864			
	AIOR3	4.88（1.10）	0.896			

注：①调节效应 2 为 SmartPLS v. 3.2.3 生成的以消费者独特性需求为调节变量，以感知有用性为自变
　　量，以推荐采纳意向为因变量的调节效应构面。

　　②PU 指 Perceived Usefulness（感知有用性）；CNFU 指 Consumers' Need for Uniqueness（消费者独特
　　性需求）；CCCC 指 Creative Choice Counter – Conformity（创造性选择的逆反）；UCCC 指 Unpopular
　　Choice Counter – Conformity（非主流选择的逆反）；AOS 指 Avoidance of Similarity（回避相似性）；
　　ME2 指 Moderating Effect 2（调节效应 2）；AIOR 指 Adoption Intention of Recommendations（推荐采
　　纳意向）。

　　③消费者独特性需求为二阶构面，包括三个一阶构面：创造性选择的逆反、非主流选择的逆反和
　　回避相似性。

表5 – 12　推荐采纳模型各构面的 AVE 的平方根值与构面间的相关系数（调节效应2）

构面	ME2	PU	AIOR	CNFU
ME2	**1. 000**			
PU	– 0. 037	**0. 877**		
AIOR	– 0. 128	0. 733	**0. 892**	
CNFU	0. 040	– 0. 381	– 0. 502	**0. 820**

注：①ME2 指 Moderating Effect 2（调节效应2）；PU 指 Perceived Usefulness（感知有用性）；AIOR 指 A-doption Intention of Recommendations（推荐采纳意向）；CNFU 指 Consumers' Need for Uniqueness（消费者独特性需求）。

②对角线上的粗体数值为各构面的 AVE 的平方根值，其他数值为构面间的相关系数。

（3）指标权重的显著性检验。根据海尔等（Hair et al., 2014）的建议，作者采用 Bootstrapping 抽样 5000 次，发现所有问项的外部权重均在 $\alpha = 0.05$ 的显著性水平下显著，故所有问项均保留。最后，依据海尔等（Hair et al., 2014）的建议，PLS – SEM 无须检验模型的拟合优度。

（4）路径分析与假设检验。根据海尔等（Hair et al., 2014）的建议，作者采用 Bootstrapping 抽样 5000 次，得到路径分析与假设检验结果（见图5 – 12 与表5 – 13）。

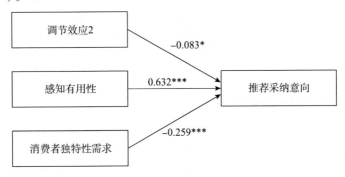

图5 – 12　推荐采纳模型的结构模型路径分析与假设检验结果（调节效应2）

注：①各箭头中间的数字表示路径系数。

②* 表示 p 值 < 0. 05；** 表示 p 值 < 0. 01；*** 表示 p 值 < 0. 005。

表5-13 推荐采纳模型的结构模型路径系数的显著性检验结果（调节效应2，$\alpha=0.05$）

研究假设	结构模型路径	路径系数	t 值	p 值	假设检验结果
H8	ME2→AIOR	-0.083	2.372	0.018	支持
	PU→AIOR	0.632	14.570	0.000	显著
	CNFU→AIOR	-0.259	4.945	0.000	显著

注：①ME2 指 Moderating Effect 2（调节效应2）；AIOR 指 Adoption Intention of Recommendations（推荐采纳意向）；PU 指 Perceived Usefulness（感知有用性）；CNFU 指 Consumers' Need for Uniqueness（消费者独特性需求）。

②Bootstrapping 抽样 5000 次，检验类型为双尾检验，显著性水平 $\alpha=0.05$。

由图5-12与表5-13可知，假设 H8 得到支持。

（5）解释力检验。据海尔等（Hair et al.，2014）的建议，当研究消费者行为时，若 R^2 值大于0.20，说明模型有较好的解释力。在如图5-12所示的结构模型中，推荐采纳意向被解释的方差（R^2 值）为0.609，大于0.20的限制性水平，这表明模型的解释力较好。

3. 消费者独特性需求对满意度与推荐采纳意向之间关系的调节作用

上述调节作用如图5-13所示：

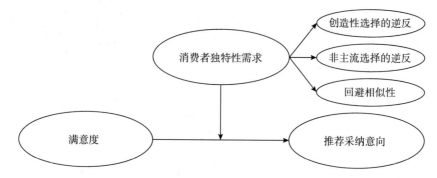

图5-13 消费者独特性需求对满意度与推荐采纳意向之间关系的调节作用

上述调节作用（见图5-13）也可用图5-14表示（萧文龙，2014）：

（1）信度检验。笔者运用 SmartPLS v.3.2.3 软件进行信度检验与收敛效度检验，发现各问项的因子载荷均大于0.7的限制性水平（Hulland，1999）。各构面的 Cronbach's α 值与 CR 值均大于0.7的限制性水平（Bagozzi，Yi，1988），这表明量表有良好的信度（见表5-14）。

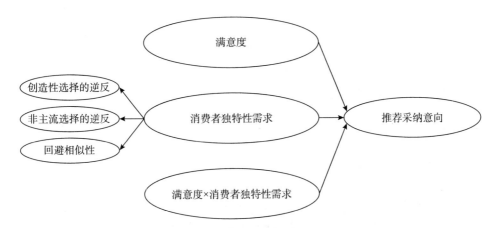

图5－14　满意度、消费者独特性需求以及两者的交互作用对推荐采纳意向的影响

表5－14　推荐采纳模型的信度检验与收敛效度检验（调节效应3）

构面	问项	平均值（标准差）	因子载荷	Cronbach's α	CR	AVE
满意度 （SF）	SF1	4.77（1.02）	0.881	0.872	0.921	0.796
	SF2	4.65（0.95）	0.897			
	SF3	4.57（1.00）	0.899			
消费者独特性需求 （CNFU）	CCCC1	4.21（1.62）	0.835	0.965	0.969	0.673
	CCCC2	4.22（1.56）	0.858			
	CCCC3	4.17（1.50）	0.849			
	CCCC4	4.12（1.55）	0.858			
	CCCC5	4.33（1.57）	0.793			
	UCCC1	3.08（1.39）	0.769			
	UCCC2	3.18（1.27）	0.743			
	UCCC3	3.30（1.35）	0.801			
	UCCC4	3.10（1.43）	0.784			
	UCCC5	3.06（1.50）	0.770			
	AOS1	3.50（1.44）	0.857			
	AOS2	3.61（1.49）	0.858			
	AOS3	3.43（1.47）	0.842			
	AOS4	3.53（1.40）	0.845			
	AOS5	3.28（1.48）	0.831			
调节效应3（ME3）	ME3		1.000	1.000	1.000	1.000

续表

构面	问项	平均值（标准差）	因子载荷	Cronbach's α	CR	AVE
推荐采纳意向 （AIOR）	AIOR1	4.87（1.16）	0.914	0.873	0.922	0.797
	AIOR2	4.39（0.98）	0.873			
	AIOR3	4.88（1.10）	0.891			

注：①调节效应3为SmartPLS v. 3.2.3生成的以消费者独特性需求为调节变量，以满意度为自变量，以推荐采纳意向为因变量的调节效应构面。

②SF指Satisfaction（满意度）；CNFU指Consumers' Need for Uniqueness（消费者独特性需求）；CCCC指Creative Choice Counter – Conformity（创造性选择的逆反）；UCCC指Unpopular Choice Counter – Conformity（非主流选择的逆反）；AOS指Avoidance of Similarity（回避相似性）；ME3指Moderating Effect 3（调节效应3）；AIOR指Adoption Intention of Recommendations（推荐采纳意向）。

③消费者独特性需求为二阶构面，包括三个一阶构面：创造性选择的逆反、非主流选择的逆反和回避相似性。

（2）效度检验。①收敛效度。各构面的AVE均大于0.5的限制性水平（Bagozzi，Yi，1988），这表明量表有良好的收敛效度（见表5-14）。②区别效度。每个构面的AVE的平方根值均大于它与其他构面的相关系数（Fornell，Larcker，1981），这表明量表具有良好的区别效度（见表5-15）。

表5-15　推荐采纳模型各构面的AVE的平方根值与构面间的相关系数（调节效应3）

构面	ME3	SF	AIOR	CNFU
ME3	**1.000**			
SF	-0.063	**0.892**		
AIOR	-0.128	0.713	**0.893**	
CNFU	0.043	-0.297	-0.501	**0.820**

注：①ME3指Moderating Effect 3（调节效应3）；SF指Satisfaction（满意度）；AIOR指Adoption Intention of Recommendations（推荐采纳意向）；CNFU指Consumers' Need for Uniqueness（消费者独特性需求）。

②对角线上的粗体数值为各构面的AVE的平方根值，其他数值为构面间的相关系数。

（3）指标权重的显著性检验。根据海尔等（Hair et al.，2014）的建议，作者采用Bootstrapping抽样5000次，发现所有问项的外部权重均在α = 0.05的显著性水平下显著，故所有问项均保留。最后，依据海尔等（Hair et al.，

2014）的建议，PLS－SEM 无须检验模型的拟合优度。

（4）路径分析与假设检验。根据海尔等（Hair et al.，2014）的建议，作者采用 Bootstrapping 抽样 5000 次，得到路径分析与假设检验结果（见图 5－15 与表 5－16）。

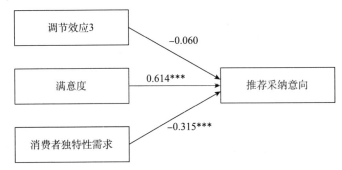

图 5－15　推荐采纳模型的结构模型路径分析与假设检验结果（调节效应 3）

注：①各箭头中间的数字表示路径系数。

②* 表示 p 值 < 0.05；** 表示 p 值 < 0.01；*** 表示 p 值 < 0.005。

表 5－16　推荐采纳模型的结构模型路径系数的显著性检验结果（调节效应 3）

研究假设	结构模型路径	路径系数	t 值	p 值	假设检验结果
H9	ME3→AIOR	－ 0.060	1.623	0.105	不支持
	SF→AIOR	0.614	12.883	0.000	显著
	CNFU→AIOR	－ 0.315	6.686	0.000	显著

注：①ME3 指 Moderating Effect 3（调节效应 3）；AIOR 指 Adoption Intention of Recommendations（推荐采纳意向）；PU 指 Perceived Usefulness（感知有用性）；CNFU 指 Consumers' Need for Uniqueness（消费者独特性需求）。

②Bootstrapping 抽样 5000 次，检验类型为双尾检验，显著性水平 $\alpha = 0.05$。

由图 5－15 与表 5－16 可知，在 $\alpha = 0.05$ 的显著性水平下，调节效应 3 对推荐采纳意向的影响不显著。于是，笔者根据海尔（Hair et al.，2014）的建议，在 $\alpha = 0.1$ 的显著性水平下，再次采用 Bootstrapping 抽样 5000 次，得到路径分析与假设检验结果，发现调节变量 3 对推荐采纳意向的影响依然不显著（t 值 = 1.584，p 值 = 0.113）。

由以上可知，假设 H9 没有得到支持。

（5）解释力检验。据海尔等（Hair et al.，2014）的建议，当研究消费者行为时，若 R^2 值大于 0.20，说明模型有较好的解释力。在如图 5-15 所示的结构模型中，推荐采纳意向被解释的方差（R^2 值）为 0.609，大于 0.20 的限制性水平，这表明模型的解释力较好。

第五节　结论与讨论

一、研究结论

在调研过程中，作者发现：调查对象对推荐系统的评价呈现出较大的差异，即有些消费者对推荐系统评价较高，愿意采纳推荐信息；而有些消费者则恰恰相反。为什么会出现这样的反差？这可能与消费者的心理特征相关。然而，很少有研究对此问题进行探索。基于此，作者引入心理学中的独特性需求理论，并结合技术接受模型，构建消费者独特性需求－推荐接受模型。

使用问卷调查法收集数据，并运用结构方程模型分析数据，作者发现：①在将满意度这一变量加入技术接受模型的核心结构之后，感知易用性对推荐采纳意向的影响不显著；②消费者独特性需求对感知易用性与推荐采纳意向之间关系起负向调节作用；③消费者独特性需求对感知有用性与推荐采纳意向之间关系起负向调节作用；④消费者独特性需求对满意度与推荐采纳意向之间关系的负向调节作用不显著。

作者对该研究结果作出如下解释。

二、讨论

1. 关于不成立的假设的讨论

在所有假设中，假设 H4 与 H9 没有得到支持，即：消费者对推荐系统的感知易用性对于消费者对推荐信息的采纳意向无显著影响；消费者独特性需求对满意度与推荐采纳意向之间关系的负向调节作用不显著。

作者分析原因如下：

第一，本研究给予调查对象一个月的时间体验亚马逊网站及其推荐系统，因此在回答调查问卷时，调查对象已对亚马逊的推荐系统较为熟悉。在消费者刚开始接触推荐系统的初始阶段，感知有用性与感知易用性均显著地正向影响消费者的行为意向；而随着消费者与推荐系统接触的日益频繁，他/她会变得越来越熟悉推荐系统，此时感知易用性对消费者的行为意向的直接影响开始变得不显著，而只能通过感知有用性间接影响消费者的行为意向（Davis et al.，1989；高芙蓉，2010；高芙蓉，高雪莲，2011）。本研究结果与现有研究的观点基本一致，假设 H4 没有得到支持。

第二，感知有用性与感知易用性均为消费者对推荐系统的一种理性认知，满意度是消费者对推荐系统的一种情感反应，而推荐系统持续使用意向是消费者对推荐系统的一种行为意向（刘倩，2011）。消费者独特性需求对满意度与推荐采纳意向之间关系的负向调节作用不显著。这表明一旦消费者对推荐系统产生某种正面情感（如十分满意推荐系统），那么无论他/她的独特性需求的高低，他/她均愿意采纳推荐信息。然而，如果消费者对推荐系统仅有理性认知（如感知有用性与感知易用性），那么消费者独特性需求就会对感知有用性/感知易用性与推荐采纳意向之间的关系起负向调节作用。作者推测：满意度作为一种正面情感，可能会减轻高独特性需求的消费者由于其独特性受到威胁而产生的负面情感，从而使这些消费者不再抗拒采纳推荐信息。因此，假设 H9 没有得到支持。

2. 理论贡献

上述研究结论进一步推进了推荐系统在市场营销领域的研究，并拓展了消费者独特性需求理论在市场营销研究领域与推荐系统研究领域的应用。

三、管理决策启示

结合以上研究结论与作者收集到的消费者对亚马逊网站及其推荐系统的改进意见，作者为网络商家改善其推荐系统提出如下建议。

1. 进一步提高消费者对推荐系统的满意度

在第四章中，本研究发现满意度在推荐系统持续使用模型中处于中心地位。而在本章中，本研究进一步发现：消费者独特性需求对满意度与推荐采纳意向之间关系的负向调节作用不显著。综合第四章与本章的研究结果，可以看出：满意度是决定推荐系统对消费者的营销效果的关键变量。

目前，各大网络商家（如京东、当当网和亚马逊等）均会通过电子邮件等方式对消费者满意度进行调查，但这些调查大多为针对某次购物体验、客服和电话服务等的满意度调查，而没有专门针对消费者对推荐系统的满意度进行调查。

根据本研究的研究成果，作者建议网络商家：增加专门针对消费者对推荐系统的满意度的调查，在消费者每次完成订单之后，通过电子邮件的方式发送给消费者，并给予完成在线调查问卷的消费者以网站积分、优惠券和返券等奖励。网络商家可通过上述方式，进一步提高消费者对推荐系统的满意度。

然而，到底哪些与推荐系统本身相关的因素会影响消费者对推荐系统的满意度？这一问题值得未来的研究进一步探索。

2. 为不同独特性需求的消费者呈现不同标签的推荐信息

在大数据时代，网络商家能够掌握关于消费者的浏览、收藏、购买和评价的大量信息，也能够分析出消费者在看过各种推荐信息之后是否会将推荐的商品放入购物车，以及是否会最终购买等。因此，在分析消费者偏爱的商品（热门商品还是冷门商品），以及消费者对推荐信息的采纳意向之后，网络商家能够区分出高独特性需求的消费者与低独特性需求的消费者。

西蒙森（Simonson，2005）指出，给同一组推荐商品贴上不同的标签会影响消费者对这些推荐的反应。克雷默等（Kramer et al.，2007）的实证研究发现，给同一组推荐商品分别贴上"基于其他相似消费者"与"基于个人偏好"的推荐标签时，相比于"基于其他相似消费者"的推荐，独立取向消费者更喜欢"基于个人偏好"的推荐；而依存取向消费者则恰恰相反。

依据以上论述，作者建议：

（1）对于高独特性需求的消费者，应该呈现"基于个人偏好"的推荐标签，以强调推荐商品是基于消费者本人的浏览、收藏、购买和评价行为等而提出的，而与其他消费者无关，如"与您浏览过的商品相关的推荐""根据您的浏览历史记录推荐商品"和"根据你的喜好精心为你推荐"等。

（2）对于低独特性需求的消费者，应该呈现"基于其他相似消费者"的推荐标签，强调推荐的是与当前消费者相似的其他消费者正在浏览、收藏和购买的商品，如"购买此商品的顾客也同时购买……""看过此商品后顾客买的其他商品""看过本商品的人还看了……"和"购买本商品的用户还关注了……"等。

四、本章小结

基于消费者独特性需求理论，本章实证检验了消费者独特性需求对感知有用性、感知易用性、满意度与推荐采纳意向之间关系的调节作用，从而初步探索了消费者的心理特征对于推荐系统之于消费者的营销效果的调节作用。

第六章 结 论

第一节 本书的研究结论

本书第三至第五章开展了三项独立的研究，现将这三项研究的结论分别叙述如下。

一、第三章的研究结论

在第三章中，结合信息系统成功模型、技术接受模型和信任理论，作者构建了推荐系统成功 - 基于信任的推荐接受模型。通过使用问卷调查法收集数据，并运用结构方程模型分析数据，作者发现：

（1）购物网站服务质量、推荐系统质量和推荐信息质量通过中介变量感知有用性、感知易用性和信任最终显著地正向影响推荐采纳意向。

（2）推荐信息质量对推荐采纳意向的总效应最强，次之为购物网站服务质量，总效应最弱的是推荐系统质量。

二、第四章的研究结论

在第四章中，以基于期望确认理论的信息系统持续使用模型为理论基础，作者构建了推荐系统持续使用模型。通过使用问卷调查法收集数据，并运用结构方程模型分析数据，作者发现：

（1）除了感知有用性对推荐系统持续使用意向没有显著影响之外，信息系统持续使用模型的核心结构对推荐系统是适用的。

（2）满意度对感知有用性与推荐系统持续使用意向之间关系起到中介作用。

（3）推荐系统持续使用意向显著地正向影响消费者对购物网站的忠诚度。

三、第五章的研究结论

在第五章中，结合消费者独特性需求理论与技术接受模型，作者构建了消费者独特性需求－推荐采纳模型。通过使用问卷调查法收集数据，并运用结构方程模型分析数据，作者发现：

（1）在将满意度这一变量加入技术接受模型的核心结构之后，感知易用性对推荐采纳意向没有显著影响。

（2）消费者独特性需求对感知易用性与推荐采纳意向之间的关系起负向调节作用。

（3）消费者独特性需求对感知有用性与推荐采纳意向之间的关系起负向调节作用。

（4）消费者独特性需求对满意度与推荐采纳意向之间的关系没有显著的调节作用。

第二节　本书的理论贡献

1. 进一步推进了推荐系统在市场营销领域的研究进展

（1）结合信息系统成功模型、技术接受模型和信任理论，本书探索了与推荐系统相关的三方面特性（购物网站服务质量、推荐系统质量和推荐信息质量）对感知有用性、感知易用性和信任的影响，以及三者对推荐采纳意向的进一步影响。相比现有研究，本书的理论基础更为坚实，分析更为全面。

（2）本书不仅探索了推荐系统的使用与特性对消费者的初次采纳意向的影响；还以基于期望确认理论的信息系统持续使用模型为理论基础，探索了消费者对推荐系统的持续使用意向与消费者对购物网站的忠诚度的影响因素。相比现有研究，本书不仅分析了在短期内消费者对推荐信息的采纳意向的影响因素，还分析了从长期看消费者对推荐系统的持续使用意向的影响因素。因此，本书关于推荐系统的使用与特性对消费者的营销效果的分析更为全面。

（3）结合消费者独特性需求理论与技术接受模型，本书探索了消费者独特性需求对感知有用性、感知易用性、满意度与推荐采纳意向之间关系的调节作用。相比现有研究，本书考虑了消费者的心理特征对于推荐系统之于消费者的营销效果的调节作用，理论基础更为坚实，是对现有研究的有益补充。

总结以上，本书进一步推进了推荐系统在市场营销领域的研究进展。

2. 进一步丰富了技术接受模型在推荐系统研究领域的应用

现有研究主要是基于技术接受模型，探索感知有用性与感知易用性对推荐采纳意向的影响。但哪些与推荐系统本身相关的因素影响消费者对推荐系统的感知易用性与感知有用性，现有研究分析不够全面，且缺乏理论基础。在技术接受模型与信任理论的基础上，本书引入信息系统研究领域的信息系统成功模型，进一步分析了购物网站服务质量、推荐系统质量和推荐信息质量对感知有用性、感知易用性和信任的影响。本书的理论基础更为坚实，是对现有研究的深化与补充，并进一步丰富了技术接受模型在推荐系统研究领域的应用。

3. 进一步拓展了信息系统成功模型的应用

信息系统成功模型在信息系统、图书馆、情报学和传播学等研究领域得到了广泛的验证与应用，然而，很少有研究将其应用到市场营销研究领域。特别是，极少有研究基于信息系统成功模型，探索推荐系统的使用与特性对消费者的营销效果。本书发现：信息系统成功模型的核心结构对推荐系统是适用的，这进一步拓展了信息系统成功模型在市场营销与推荐系统研究领域的应用。

4. 进一步拓展了信息系统持续使用模型的应用

基于期望确认理论的信息系统持续使用模型在信息系统、图书馆、情报学、新闻学、传播学和教育学等研究领域得到了广泛的验证与应用，然而，很少有研究将其应用到市场营销研究领域。特别是，极少有研究基于信息系统持续使用模型，探索推荐系统的使用与特性对消费者的营销效果。此外，如果消费者愿意持续使用推荐系统，他/她会因此提高对购物网站的忠诚度吗？极少有研究回答该问题。本书发现：基于期望确认理论的信息系统持续使用模型的核心结构对推荐系统是适用的，且消费者对推荐系统的持续使用意向显著地正向影响消费者对购物网站的忠诚度。因此，本书进一步拓展了信息系统持续使用模型在市场营销研究领域与推荐系统研究领域的应用。

5. 进一步拓展了消费者独特性需求理论在推荐系统研究领域的应用

现有研究主要探索了消费者独特性需求的影响因素，以及消费者独特性需求对消费者决策的影响。然而，较少有研究探索消费者独特性需求理论在网络购物环境下的应用；特别是，极少有研究将消费者独特性需求理论应用到推荐系统研究领域。本书发现：消费者独特性需求对推荐系统的营销效果起负向调节作用，这进一步拓展了消费者独特性需求理论在推荐系统研究领域的应用。

第三节　本书的管理启示

第一，网络商家可从购物网站服务质量、推荐系统质量和推荐信息质量等方面，进一步改善与优化购物网站及其推荐系统。资源投入的优先顺序为：提高推荐信息质量、提高购物网站服务质量、提高推荐系统质量。

第二，网络商家首先应展开在线调查，以了解消费者对推荐系统的期望确认程度、感知有用性和满意度等；其次，网络商家应根据调研结果，有针对性地投入资源以提高消费者对推荐系统的期望确认程度、感知有用性和满意度，从而提高消费者对推荐系统的持续使用意向，并最终提高消费者对购物网站的忠诚度。

第三，网络商家首先应区分出不同心理特征（如独特性需求）的消费者；其次，对不同心理特征的消费者，网络商家应展示不同的推荐标签，以提高推荐信息对消费者的营销效果。

详细内容见第三章至第五章的结论部分，此处不再重复。

第四节　本书的研究局限性与未来研究展望

第一，亚马逊的推荐系统为当前在购物网站环境下最好的推荐系统，故本研究以亚马逊的推荐系统为研究对象，但本研究结论是否可推广到其他购物网站，需谨慎考虑。建议未来的研究面向不同的购物网站（如天猫、京东和苏宁易购等）的消费者收集数据，以进一步验证与扩展本书的研究结论。

第二，本研究在收集数据前，给调查对象一个月的时间充分体验亚马逊的推荐系统，因此调查对象对推荐系统较熟悉。对于初次或较少接触推荐系统的消费者，本研究结论是否适用，需谨慎考虑，未来的研究可进一步探索消费者对推荐系统的熟悉度对于推荐系统之于消费者的营销效果的调节作用，以对本书的研究结论做进一步的补充。

第三，根据易观智库与京东联合发布的《2016年中国移动社交电商发展专题研究报告》，网民的个人上网设备进一步向手机端迁移，90.1%的网民通过手机上网，手机网民的规模达到6.2亿，移动端网民的增速超过40%。2015年，移动电商交易规模达2.07万亿元，在网上零售整体中占比超过50%，增速高达141%。可见，"我们正离开互联网时代，而迈入移动互联网时代"。

相比于传统互联网推荐系统，移动推荐系统的最大不同在于其移动性（用户的移动性、设备的移动性）（刘嘉，等，2012；孟祥武，等，2013），可以基于地图等方式来展示移动旅游推荐（旅游景点、餐厅和宾馆等）。移动推荐系统的另一大特点在于其社交性，它可以和微信、手机QQ等移动社交APP整合，找到移动用户的亲友，根据移动用户的亲友的行为为当前用户进行推荐（孟祥武，等，2013）。例如，如果移动用户的好友以前在附近的餐厅就餐并给予过好评，而移动用户恰好在午餐的时间在这附近，那么移动推荐系统就会向当前用户推荐该餐厅。

然而，现有研究主要是探索移动推荐系统的算法优化（艾丹祥，等，2015；艾丹祥，等，2016；孟祥武，等，2013），很少有研究探索移动推荐系统对于消费者的移动网络购物、移动消费（旅游、就餐、娱乐）和移动广告接受等决策的影响，这是未来一个特别有吸引力的研究方向。

参考文献

[1] ANDERSON C. The long tail: why the future of business is selling less of more [M]. New York: Hyperion, 2008.

[2] ANSARI A, ESSEGAIER S, KOHLI R. Internet recommendation systems [J]. Journal of Marketing Research, 2000, 37 (3): 363 – 375.

[3] ARAZY O, KUMAR N, SHAPIRA B. A theory – driven design framework for social recommender systems [J]. Journal of the Association for Information Systems, 2010, 11 (9): 455 – 490.

[4] AROIAN L A. The probability function of the product of two normally distributed variables [J]. The Annals of Mathematical Statistics, 1947, 18 (2): 265 – 271.

[5] BAGOZZI R P, YI Y. On the evaluation of structural equation models [J]. Journal of the Academy of Marketing Science, 1988, 16 (1): 74 – 94.

[6] BAIER D, STÜBER E. Acceptance of recommendations to buy in online retailing [J]. Journal of Retailing and Consumer Services, 2010, 17 (3): 173 – 180.

[7] BHATTACHERJEE A, PEROLS J, SANFORD C. Information technology continuance: a theoretical extension and empirical test [J]. Journal of Computer Information Systems, 2008, 30 (4): 17 – 26.

[8] BHATTACHERJEE A. Understanding information systems continuance: an expectation – confirmation model [J]. MIS Quarterly, 2001, 25 (3): 351 – 370.

[9] BURKE R. Hybrid recommender systems: survey and experiments [J]. User Modeling and User – adapted Interaction, 2002, 12 (4): 331 – 370.

[10] CAI H, CHEN Y, FANG H. Observational learning: evidence from a randomized natural field experiment [J]. American Economic Review, 2009, 99 (3): 846 – 882.

[11] CHEN H – J. Linking employees' e-learning system use to their overall job outcomes: an em-

pirical study based on the IS success model [J]. Computers & Education, 2010, 55 (4):
1628 - 1639.

[12] DAVIS F D, BAGOZZI R P, WARSHAW P R. User acceptance of computer technology: a
comparison of two theoretical models [J]. Management Science, 1989, 35 (8):
982 - 1003.

[13] DAVIS F D. Perceived usefulness, perceived ease of use, and user acceptance of information
technology [J]. MIS Quarterly, 1989, 13 (3): 319 - 340.

[14] DELONE W H, MCLEAN E R. Information systems success: the quest for dependent varia-
ble [J]. Journal of Management Information Systems, 1992, 3 (4): 60 - 95.

[15] DELONE W H, MCLEAN E R. The DeLone and McLean model of information systems suc-
cess: a ten - year update [J]. Journal of Management Information Systems, 2003, 19 (4):
9 - 30.

[16] DIEHL K. When two rights make a wrong: searching too much in ordered environments
[J]. Journal of Marketing Research, 2005, 42 (3): 313 - 322.

[17] FISHBEIN M, AJZEN I. Belief, attitude, intention, and behavior: an introduction to theory
and research [M]. Boston: Addison - Wesley, 1975.

[18] FITZSIMONS G J, LEHMANN D R. Reactance to recommendations: when unsolicited ad-
vice yields contrary responses [J]. Marketing Science, 2004, 23 (1): 82 - 94.

[19] FLEDER D M, HOANAGAR K. Blockbuster culture's next rise or fall: the impact of recom-
mender systems on sales diversity [J]. Management Science, 2009, 55 (5): 697 - 712.

[20] FORNELL C, LARCKER D F. Evaluating structural equation models with unobservable vari-
ables and measurement error [J]. Journal of Marketing Research, 1981, 18 (1): 39 - 50.

[21] GOODMAN L A. On the exact variance of products [J]. Journal of the American Statistical
Association, 1960, 55 (292): 708 - 713.

[22] HAIR JR J F, HULT G T M, RINGLE C, et al. A primer on partial least squares structural
equation modeling (PLS - SEM) [M]. Los Angeles: Sage Publications, 2014.

[23] HAN C M. Country image: halo or summary construct [J]. Journal of Marketing Research,
1989, 26 (2): 222 - 229.

[24] HÄUBL G, TRIFTS V. Consumer decision making in online shopping environments: the
effects of interactive decision aids [J]. Marketing Science, 2000, 19 (1): 4 - 21.

[25] HUH Y U, KELLER F R, REDMAN T C, et al. Data quality [J]. Information & Software
Technology, 1990, 32 (8): 559 - 565.

[26] HULLAND J. Use of partial least squares (PLS) in strategic management research: a review of four recent studies [J]. Strategic Management Journal, 1999, 20 (2): 195 – 204.

[27] KETTINGER W J, LEE C C. Perceived service quality and user satisfaction with the information services function [J]. Decision Sciences, 1994, 25 (5 – 6): 737 – 766.

[28] KRAMER T. The effect of measurement task transparency on preference construction and evaluations of personalized recommendations [J]. Journal of Marketing Research, 2007, 44 (2): 224 – 233.

[29] MATHIESON K. Predicting user intentions: comparing the technology acceptance model with the theory of planned behavior [J]. Information Systems Research, 1991, 2 (3): 173 – 191.

[30] MILLER G A. The magical number seven, plus or minus two: some limits on our capacity for processing information [J]. Psychological Review, 1956, 101 (2): 343 – 352.

[31] NELSON R R, TODD P A. Antecedents of information and system quality: an empirical examination within the context of data warehousing [J]. Journal of Management Information Systems, 2005, 21 (4): 199 – 236.

[32] NUNNALLY J C. Psychometric theory [M]. 2nd ed. New York: McGraw – Hill, 1978.

[33] OLIVER R L. A cognitive model of the antecedents and consequences of satisfaction decisions [J]. Journal of Marketing Research, 1980, 17 (4): 460 – 469.

[34] OLIVER R L. Effect of expectation and disconfirmation on post exposure product evaluations: an alternative interpretation [J]. Journal of Applied Psychology, 1977, 62 (4): 480 – 486.

[35] PARASURAMAN A, ZEITHAML V A, MALHOTRA A. E – S – QUAL: a multiple – item scale for assessing electronic service quality [J]. Journal of Service Research, 2005, 7 (3): 213 – 233.

[36] PARTHASARATHY M, BHATTACHERJEE A. Understanding post – adoption behavior in the context of online services [J]. Information Systems Research, 1998, 9 (4): 362 – 379.

[37] PATHAK B, GARFINKEL R, GOPAL R D, et al. Empirical analysis of the impact of recommender systems on sales [J]. Journal of Management Information Systems, 2010, 27 (2): 159 – 188.

[38] PEREIRA R E. Influence of query – based decision aids on consumer decision making in electronic commerce [J]. Information Resources Management Journal, 2001, 14 (1): 31 – 48.

[39] RESNICK P, VARIAN H R. Recommender systems [J]. Communications of the ACM, 1997, 40 (3): 56 – 58.

［40］ RICCI F, ROKACH L, SHAPIRA B, et al. Recommender systems handbook ［M］. New York: Springer, 2011.

［41］ SARWAR B, KARYPIS G, KONSTAN J, et al. Application of dimensionality reduction in recommender system: a case study ［R］. Twin cities: Minnesota Univ Minneapolis Dept of Computer Science, 2000.

［42］ SCHAFER J B, KONSTAN J, RIEDL J. Recommender systems in e-commerce ［C］ // Proceedings of the 1st ACM Conference on Electronic Commerce. ACM, 1999: 158 – 166.

［43］ SIMONSON I. Determinants of customers' responses to customized offers: conceptual framework and research propositions ［J］. Journal of Marketing, 2005, 69 (1): 32 – 45.

［44］ SNYDER C R, FROMKIN H L. Abnormality as a positive characteristic: the development and validation of a scale measuring need for uniqueness ［J］. Journal of Abnormal Psychology, 1977, 86 (5): 518 – 527.

［45］ SNYDER C R. Product scarcity by need for uniqueness interaction: a consumer catch – 22 carousel? ［J］. Basic & Applied Social Psychology, 1992, 13 (1): 9 – 24.

［46］ SOBEL M E. Asymptotic confidence intervals for indirect effects in structural equation models ［J］. Sociological Methodology, 1982 (13): 290 – 312.

［47］ SOLOMON M R. Consumer behavior: buying, having, and being (11E) ［M］. New Jersey: Pearson Education, 2015.

［48］ TAYLOR S, TODD P A. Understanding information technology usage: a test of competing models ［J］. Information Systems Research, 1995, 6 (2): 144 – 176.

［49］ THOMPSON C A, GOKER M H, LANGLEY P. A personalized system for conversational recommendations ［J］. Journal of Artificial Intelligence Research, 2004 (21): 393 – 428.

［50］ TIAN K T, BEARDEN W O, HUNTER G L. Consumers' need for uniqueness: scale development and validation ［J］. Journal of Consumer Research, 2001, 28 (1): 50 – 66.

［51］ VENKATESH V, BALA H. Technology acceptance model 3 and a research agenda on interventions ［J］. Decision sciences, 2008, 39 (2): 273 – 315.

［52］ VENKATESH V, DAVIS F D. A theoretical extension of the technology acceptance model: four longitudinal field studies ［J］. Management Science, 2000, 46 (2): 186 – 204.

［53］ VENKATESH V, MORRIS M G, DAVIS G B, et al. User acceptance of information technology: toward a unified view ［J］. MIS Quarterly, 2003, 27 (3): 425 – 478.

［54］ WANG W, BENBASAT I. Trust in and adoption of online recommendation agents ［J］. Journal of the Association for Information Systems, 2005, 6 (3): 72 – 101.

［55］XIAO B, BENBASAT I. E – commerce product recommendation agents：use, characteristics, and impact［J］. MIS Quarterly, 2007, 31（1）：137 – 209.

［56］XIAO B, BENBASAT I. Research on the use, characteristics, and impact of e – commerce product recommendation agents：a review and update for 2007 – 2012［M］//Handbook of Strategic e – Business Management. Springer Berlin Heidelberg, 2014：403 – 431.

［57］艾丹祥, 张玉峰, 刘高勇, 杨君. 面向移动商务餐饮推荐的情境语义建模与规则推理［J］. 情报理论与实践, 2016, 39（2）：82 – 88.

［58］艾丹祥, 张玉峰, 左晖, 杨君. 基于情境语义推理的O2O移动推荐系统研究［J］. 情报杂志, 2015, 34（8）：182 – 189.

［59］曾李, 丛挺, 曾元祥. 手机阅读应用软件持续使用行为研究［J］. 出版科学, 2014, 22（1）：84 – 88.

［60］巢乃鹏, 薛莹, 姚倩. 功能满足、心理满意、主观规范：新媒体持续使用意向研究——以中国3G业务的持续使用为例［J］. 新闻大学, 2014（5）：125 – 131.

［61］陈美玲, 白兴瑞, 林艳. 移动学习用户持续使用行为影响因素实证研究［J］. 中国远程教育, 2014（23）：41 – 47, 96.

［62］陈明亮, 蔡日梅. 电子商务中产品推荐代理对消费者购买决策的影响［J］. 浙江大学学报：人文社会科学版, 2009, 39（5）：138 – 148.

［63］陈渝, 毛姗姗, 潘晓月, 许云红. 信息系统采纳后习惯对用户持续使用行为的影响［J］. 管理学报, 2014, 11（3）：408 – 415.

［64］陈渝, 杨保建. 技术接受模型理论发展研究综述［J］. 科技进步与对策, 2009, 26（6）：168 – 171.

［65］戴德宝, 刘西洋, 范体军. "互联网＋"时代网络个性化推荐采纳意愿影响因素研究［J］. 中国软科学, 2015（8）：163 – 172.

［66］董开栋, 谢金文. 手机新闻媒体用户满意度模型构建及实证研究——基于对上海某高校学生的调查分析［J］. 新闻与传播研究, 2014（3）：79 – 87.

［67］冯娇, 姚忠. 基于强弱关系理论的社会化商务购买意愿影响因素研究［J］. 管理评论, 2015, 27（12）：99 – 109.

［68］高芙蓉, 高雪莲. 国外信息技术接受模型研究述评［J］. 研究与发展管理, 2011, 23（2）：95 – 105.

［69］高芙蓉. 信息技术接受模型研究的新进展［J］. 情报杂志, 2010, 29（6）：170 – 176.

［70］耿波. 基于TAM的消费者网络购物意向的影响因素分析［J］. 统计与决策, 2012（23）：105 – 107.

［71］郭恺强，王洪伟，赵月．消费者通过在线声誉系统发表评论的前因：基于 TAM 的实证研究［J］．管理评论，2014，26（09）：180－190.

［72］郭晴．高校移动图书馆用户持续使用意愿影响因素的实证研究［J］．图书馆建设，2014（10）：32－37.

［73］胡勇．大学生微信持续使用意向的影响因素分析［J］．现代远程教育研究，2016（3）：84－92.

［74］江林，张博，陈贞汝．感知风险对口碑推荐意愿的影响［J］．商业研究，2013，55（2）：74－80.

［75］蒋艳梅，赵文平．基于参照群体影响的消费者首次网购决策模型分析［J］．统计与决策，2011（24）：85－88.

［76］柯学．大灾难可以减少消费者的多样化寻求行为：一个基于恐怖管理理论的研究［J］．管理世界，2009（11）：122－129，188.

［77］李东进，张亚佩，郑军．稀缺感知对购买意向的影响——基于预期后悔的视角［J］．系统工程，2015，33（11）：75－80.

［78］李武，赵星．大学生社会化阅读 APP 持续使用意愿及发生机理研究［J］．中国图书馆学报，2016，42（1）：52－65.

［79］刘嘉，都兴中，陈振宇，等．移动推荐研究综述［J］．情报科学，2012，30（10）：1584－1590.

［80］刘倩．基于客户关系发展阶段的推荐系统特性需求分析［D］．武汉：华中科技大学，2011.

［81］刘树栋．基于位置的移动社会化网络推荐技术研究［D］．北京：北京邮电大学，2015.

［82］刘遗志，刘煜．消费者创新性对移动购物意愿的影响——基于扩展的技术接受模型视角［J］．中国流通经济，2015（7）：102－108.

［83］楼尊．参与的乐趣——一个有中介的调节模型［J］．管理科学，2010，23（2）：69－76.

［84］陆奇斌，赵平，王高，等，消费者满意度测量中的光环效应［J］．心理学报，2005，37（4）：524－534.

［85］马庆国，王凯，舒良超．积极情绪对用户信息技术采纳意向影响的实验研究——以电子商务推荐系统为例［J］．科学学研究，2009，27（10）：1557－1563.

［86］孟祥武，胡勋，王立才，张玉洁．移动推荐系统及其应用［J］．软件学报，2013，24（1）：91－108.

[87] 庞秀丽，冯玉强，姜维. 电子商务个性化文档推荐技术研究[J]. 中国管理科学，2008 (S1)：581 - 586.

[88] 彭惠，宋倩倩. C2C 模式下消费者的购买行为研究——从众购买还是口碑交易[J]. 预测，2014，33 (4)：42 - 47.

[89] 戚海峰. 人际间影响敏感性对中国消费者独特性需求的作用机制研究[J]. 管理学报，2012，9 (2)：289 - 295.

[90] 乔向杰，张凌云. 近十年国外旅游推荐系统的应用研究[J]. 旅游学刊，2014，29 (8)：117 - 127.

[91] 孙鲁平，张丽君，汪平. 网上个性化推荐研究述评与展望[J]. 外国经济与管理，2016，38 (6)：82 - 99.

[92] 谭晓林，赵定涛，谢伟. 企业电子商务采纳的影响机制研究——以企业网站建设中介效应为例[J]. 中国软科学，2015 (8)：184 - 192.

[93] 汤志伟，韩啸，吴思迪. 政府网站公众使用意向的分析框架：基于持续使用的视角[J]. 中国行政管理，2016 (4)：27 - 33.

[94] 王宏宇. 商务推荐系统的设计研究 [D]. 安徽：中国科学技术大学，2007.

[95] 王全胜，郑称德，周耿. B2C 网站设计因素与初始信任关系的实证研究[J]. 管理学报，2009，6 (4)：495 - 501.

[96] 王玮，刘玉. 消费者持续使用新兴在线旅游网站的实证研究[J]. 暨南学报：哲学社会科学版，2014，36 (4)：84 - 92，164.

[97] 王文韬，谢阳群，谢笑. 关于 D&M 信息系统成功模型演化和进展的研究[J]. 情报理论与实践，2014，37 (6)：73 - 76.

[98] 王长征，周学春，黄敏学. "求同"与"存异"：面子如何抑制或促进消费者的独特性需求[J]. 营销科学学报，2012，8 (4)：18 - 34.

[99] 肖凤桢. 大学生网络购物影响因素的实证研究[J]. 科技管理研究，2011 (1)：131 - 134，142.

[100] 萧文龙. 统计分析入门应用：SPSS 中文版 + PLS - SEM (SmartPLS) [M]. 台北：基峰咨询股份有限公司，2014.

[101] 谢刚，梅姝娥，宋沫儒. 格尔木网络购物采纳意向影响因素实证研究[J]. 图书情报工作，2011，55 (12)：136 - 139.

[102] 许春晓，朱茜. 求新动机、满意度对重游间隔意愿的影响——以凤凰古城旅游者为例[J]. 旅游科学，2011，25 (5)：57 - 66.

[103] 杨涛. 基于 SEM 的图书馆自助服务用户满意和使用研究——以自助还书系统为例

[J]. 图书馆论坛, 2015 (8)：99 – 107.

[104] 杨文正, 张静, 刘敏昆, 游昊龙. 数字教育资源用户持续使用行为实证研究——基于扩展的 ECM—ISC 模型[J]. 中国电化教育, 2015 (11)：54 – 61, 83.

[105] 杨一翁, 孙国辉, 王毅. 消费者愿意采纳推荐吗？——基于信息系统成功 – 技术接受模型[J]. 中央财经大学学报, 2016 (7)：109 – 117.

[106] 杨一翁, 王毅, 孙国辉. 网络推荐系统对消费者的营销效果——技术接受模型视角[J]. 中国流通经济, 2016, 30 (2)：98 – 107.

[107] 姚公安, 覃正. 消费者对电子商务企业信任保持过程中体验的影响研究[J]. 南开管理评论, 2010, 13 (1)：99 – 107.

[108] 张春梅, 李晏墅, 邓伟. 消费者对靶向价格促销的评价机理研究[J]. 价格理论与实践, 2012 (11)：82 – 83.

[109] 张星, 陈星, 夏火松, 王莉. 在线健康社区中用户忠诚度的影响因素研究：从信息系统成功与社会支持的角度[J]. 情报科学, 2016, 34 (3)：133 – 138, 160.

[110] 赵宏霞, 周宝刚, 姜参. 消费者在不同信任阶段因为信任谁而网购[J]. 商业研究, 2015 (12)：143 – 150.

[111] 赵建彬. 金钱概念对消费者独特性需求的影响研究[J]. 心理科学, 2014, 37 (6)：1461 – 1466.

[112] 赵杨, 高婷. 移动图书馆 APP 用户持续使用影响因素实证研究[J]. 情报科学, 2015, 33 (6)：95 – 100.

[113] 赵英, 范娇颖. 大学生持续使用社交媒体的影响因素对比研究——以微信、微博和人人网为例[J]. 情报杂志, 2016, 35 (1)：188 – 195.

[114] 郑大庆, 李俊超, 黄丽华. "3Q"大战背景下的软件持续使用研究：基于修订的"期望 – 确认"模型[J]. 中国管理科学, 2014, 22 (9)：123 – 132.

[115] 周涛, 鲁耀斌, 张金隆. 移动商务网站关键成功因素研究[J]. 管理评论, 2011, 23 (6)：61 – 67.

[116] 朱岩, 林泽楠. 电子商务中的个性化推荐方法评述[J]. 中国软科学, 2009 (2)：183 – 192.

附录　调查问卷

一、网站服务质量

（一）网站效率

1. 在亚马逊网站上找到我想要的商品十分容易（　　　）。

　　①完全不同意　②非常不同意　③不同意　④中立　⑤同意　⑥非常同意　⑦完全同意

2. 在亚马逊网站上完成一次网购十分迅速（　　　）。

　　①完全不同意　②非常不同意　③不同意　④中立　⑤同意　⑥非常同意　⑦完全同意

3. 亚马逊网站上的各种信息编排得很好（　　　）。

　　①完全不同意　②非常不同意　③不同意　④中立　⑤同意　⑥非常同意　⑦完全同意

4. 亚马逊网站的网页加载很快（　　　）。

　　①完全不同意　②非常不同意　③不同意　④中立　⑤同意　⑥非常同意　⑦完全同意

5. 亚马逊网站的网页布局设计得十分合理（　　　）。

　　①完全不同意　②非常不同意　③不同意　④中立　⑤同意　⑥非常同意　⑦完全同意

（二）网站可用性

1. 亚马逊网站运行很稳定（　　　）。

　　①完全不同意　②非常不同意　③不同意　④中立　⑤同意　⑥非常同意　⑦完全同意

2. 亚马逊网站很少崩溃（　　　）。

　　①完全不同意　②非常不同意　③不同意　④中立　⑤同意　⑥非常同意　⑦完全同意

3. 亚马逊网站的响应速度很快（　　　）。

　　①完全不同意　②非常不同意　③不同意　④中立　⑤同意　⑥非常同意　⑦完全同意

（三）订单完成

1. 亚马逊网站会按其承诺准时交付订单（　　　）。

　　①完全不同意　②非常不同意　③不同意　④中立　⑤同意　⑥非常同意　⑦完全同意

2. 亚马逊网站很少发错货(　　)。

　　①完全不同意　②非常不同意　③不同意　④中立　⑤同意　⑥非常同意　⑦完全同意

3. 亚马逊网站的发货速度很快(　　)。

　　①完全不同意　②非常不同意　③不同意　④中立　⑤同意　⑥非常同意　⑦完全同意

4. 亚马逊网站的送货速度很快(　　)。

　　①完全不同意　②非常不同意　③不同意　④中立　⑤同意　⑥非常同意　⑦完全同意

（四）隐私保护

1. 亚马逊网站会保护我的个人信息(　　)。

　　①完全不同意　②非常不同意　③不同意　④中立　⑤同意　⑥非常同意　⑦完全同意

2. 亚马逊网站不会把我的个人信息泄露给其他公司(　　)。

　　①完全不同意　②非常不同意　③不同意　④中立　⑤同意　⑥非常同意　⑦完全同意

3. 亚马逊网站会保护我的银行卡信息(　　)。

　　①完全不同意　②非常不同意　③不同意　④中立　⑤同意　⑥非常同意　⑦完全同意

二、推荐系统质量

（一）推荐展示界面

1. 推荐展示界面看起来很舒服(　　)。

　　①完全不同意　②非常不同意　③不同意　④中立　⑤同意　⑥非常同意　⑦完全同意

2. 推荐商品的展示十分清晰(　　)。

　　①完全不同意　②非常不同意　③不同意　④中立　⑤同意　⑥非常同意　⑦完全同意

3. 推荐商品的排序方式十分合理(　　)。

　　①完全不同意　②非常不同意　③不同意　④中立　⑤同意　⑥非常同意　⑦完全同意

4. 推荐系统会展示推荐商品的详细信息(　　)。

　　①完全不同意　②非常不同意　③不同意　④中立　⑤同意　⑥非常同意　⑦完全同意

（二）推荐原因解释

1. 推荐系统会主动对推荐原因进行解释(　　)。

　　①完全不同意　②非常不同意　③不同意　④中立　⑤同意　⑥非常同意　⑦完全同意

2. 我理解推荐产生的原因(　　)。

　　①完全不同意　②非常不同意　③不同意　④中立　⑤同意　⑥非常同意　⑦完全同意

3. 我理解推荐产生的过程(　　)。

　　①完全不同意　②非常不同意　③不同意　④中立　⑤同意　⑥非常同意　⑦完全同意

（三）互动

1. 在与我互动时，推荐系统的反馈很快（　　　）。

　　①完全不同意　②非常不同意　③不同意　④中立　⑤同意　⑥非常同意　⑦完全同意

2. 推荐系统允许我在任何时候修改自己的偏好（　　　）。

　　①完全不同意　②非常不同意　③不同意　④中立　⑤同意　⑥非常同意　⑦完全同意

3. 我能很好地控制与推荐系统的互动（　　　）。

　　①完全不同意　②非常不同意　③不同意　④中立　⑤同意　⑥非常同意　⑦完全同意

4. 推荐系统提供了良好的互动功能（　　　）。

　　①完全不同意　②非常不同意　③不同意　④中立　⑤同意　⑥非常同意　⑦完全同意

三、推荐信息质量

1. 为我推荐的商品符合我的偏好（　　　）。

　　①完全不同意　②非常不同意　③不同意　④中立　⑤同意　⑥非常同意　⑦完全同意

2. 推荐列表中展示的商品能满足我的需求（　　　）。

　　①完全不同意　②非常不同意　③不同意　④中立　⑤同意　⑥非常同意　⑦完全同意

3. 推荐列表中展示的商品数量是适中的（　　　）。

　　①完全不同意　②非常不同意　③不同意　④中立　⑤同意　⑥非常同意　⑦完全同意

4. 为我推荐的商品给我一种耳目一新的感觉（　　　）。

　　①完全不同意　②非常不同意　③不同意　④中立　⑤同意　⑥非常同意　⑦完全同意

5. 为我推荐的商品让我发现了意料之外的惊喜（　　　）。

　　①完全不同意　②非常不同意　③不同意　④中立　⑤同意　⑥非常同意　⑦完全同意

6. 为每位消费者展示的推荐信息都是个性化的（　　　）。

　　①完全不同意　②非常不同意　③不同意　④中立　⑤同意　⑥非常同意　⑦完全同意

四、对推荐系统的感知易用性

1. 学习使用亚马逊的推荐系统是容易的（　　　）。

　　①完全不同意　②非常不同意　③不同意　④中立　⑤同意　⑥非常同意　⑦完全同意

2. 熟练使用亚马逊的推荐系统是容易的（　　　）。

　　①完全不同意　②非常不同意　③不同意　④中立　⑤同意　⑥非常同意　⑦完全同意

3. 总体来说，亚马逊的推荐系统是容易使用的（　　　）。

　　①完全不同意　②非常不同意　③不同意　④中立　⑤同意　⑥非常同意　⑦完全同意

五、对推荐系统的感知有用性

1. 亚马逊的推荐系统提高了我的网购效率(　　)。

　　①完全不同意　②非常不同意　③不同意　④中立　⑤同意　⑥非常同意　⑦完全同意

2. 亚马逊的推荐系统使网购变得更简单(　　)。

　　①完全不同意　②非常不同意　③不同意　④中立　⑤同意　⑥非常同意　⑦完全同意

3. 亚马逊的推荐系统使网购变得更便利(　　)。

　　①完全不同意　②非常不同意　③不同意　④中立　⑤同意　⑥非常同意　⑦完全同意

4. 总体来说，亚马逊的推荐系统是有用的(　　)。

　　①完全不同意　②非常不同意　③不同意　④中立　⑤同意　⑥非常同意　⑦完全同意

六、对推荐系统的信任

（一）对推荐系统能力的信任：消费者相信推荐系统有能力、技术和专业性为自己高效地推荐商品

1. 在推荐商品方面，推荐系统像一位真正的专家(　　)。

　　①完全不同意　②非常不同意　③不同意　④中立　⑤同意　⑥非常同意　⑦完全同意

2. 推荐系统有理解我的需要与偏好的专业技术(　　)。

　　①完全不同意　②非常不同意　③不同意　④中立　⑤同意　⑥非常同意　⑦完全同意

3. 推荐系统有理解我的需要与偏好的能力(　　)。

　　①完全不同意　②非常不同意　③不同意　④中立　⑤同意　⑥非常同意　⑦完全同意

4. 推荐系统对于推荐商品有良好的专业知识(　　)。

　　①完全不同意　②非常不同意　③不同意　④中立　⑤同意　⑥非常同意　⑦完全同意

5. 推荐系统会考虑我的需要与推荐商品的所有重要属性(　　)。

　　①完全不同意　②非常不同意　③不同意　④中立　⑤同意　⑥非常同意　⑦完全同意

（二）对推荐系统善意的信任：消费者相信推荐系统会关心他/她，会基于他/她的利益（而不是网络商家的利益）提出推荐

1. 推荐系统把我的利益放在第一位(　　)。

　　①完全不同意　②非常不同意　③不同意　④中立　⑤同意　⑥非常同意　⑦完全同意

2. 推荐系统把我的利益放在心上(　　)。

　　①完全不同意　②非常不同意　③不同意　④中立　⑤同意　⑥非常同意　⑦完全同意

3. 推荐系统想要理解我的需要与偏好(　　)。

　　①完全不同意　②非常不同意　③不同意　④中立　⑤同意　⑥非常同意　⑦完全同意

（三）对推荐系统正直的信任：消费者相信推荐系统会遵循一套他们普遍认可的原则
运行（如不泄露消费者信息等）

1. 推荐系统提供无偏见的商品推荐信息(　　　)。

　　①完全不同意　②非常不同意　③不同意　④中立　⑤同意　⑥非常同意　⑦完全同意

2. 推荐系统是诚实的(　　　)。

　　①完全不同意　②非常不同意　③不同意　④中立　⑤同意　⑥非常同意　⑦完全同意

3. 我认为推荐系统拥有正直的品质(　　　)。

　　①完全不同意　②非常不同意　③不同意　④中立　⑤同意　⑥非常同意　⑦完全同意

七、对推荐信息的采纳意向

1. 我愿意浏览推荐的商品(　　　)。

　　①完全不同意　②非常不同意　③不同意　④中立　⑤同意　⑥非常同意　⑦完全同意

2. 我愿意购买推荐的商品(　　　)。

　　①完全不同意　②非常不同意　③不同意　④中立　⑤同意　⑥非常同意　⑦完全同意

3. 我愿意使用推荐系统辅助我进行网购(　　　)。

　　①完全不同意　②非常不同意　③不同意　④中立　⑤同意　⑥非常同意　⑦完全同意

八、期望确认程度

1. 使用推荐系统的体验超出了我的期望(　　　)。

　　①完全不同意　②非常不同意　③不同意　④中立　⑤同意　⑥非常同意　⑦完全同意

2. 推荐系统提供的服务水平比我期望的更好(　　　)。

　　①完全不同意　②非常不同意　③不同意　④中立　⑤同意　⑥非常同意　⑦完全同意

3. 总体而言，我对于使用推荐系统的大部分期望都得到了满足(　　　)。

　　①完全不同意　②非常不同意　③不同意　④中立　⑤同意　⑥非常同意　⑦完全同意

九、对推荐系统的满意度

1. 我对亚马逊的推荐系统感到满意(　　　)。

　　①完全不同意　②非常不同意　③不同意　④中立　⑤同意　⑥非常同意　⑦完全同意

2. 使用亚马逊的推荐系统，我感到很愉悦(　　　)。

　　①完全不同意　②非常不同意　③不同意　④中立　⑤同意　⑥非常同意　⑦完全同意

3. 每次使用亚马逊的推荐系统，我都有很好的体验(　　　)。

　　①完全不同意　②非常不同意　③不同意　④中立　⑤同意　⑥非常同意　⑦完全同意

十、对推荐系统的持续使用意向

1. 我打算以后继续使用推荐系统( )。

①完全不同意 ②非常不同意 ③不同意 ④中立 ⑤同意 ⑥非常同意 ⑦完全同意

2. 我以后会更多地使用推荐系统辅助我进行网购( )。

①完全不同意 ②非常不同意 ③不同意 ④中立 ⑤同意 ⑥非常同意 ⑦完全同意

3. 我以后可能不会再使用推荐系统( )。

①完全不同意 ②非常不同意 ③不同意 ④中立 ⑤同意 ⑥非常同意 ⑦完全同意

十一、对亚马逊购物网站的忠诚度

1. 我会对其他人宣传亚马逊网站的优点( )。

①完全不同意 ②非常不同意 ③不同意 ④中立 ⑤同意 ⑥非常同意 ⑦完全同意

2. 我会把亚马逊网站推荐给那些向我征询意见的人( )。

①完全不同意 ②非常不同意 ③不同意 ④中立 ⑤同意 ⑥非常同意 ⑦完全同意

3. 我会鼓励亲朋好友等在亚马逊网站上进行购物( )。

①完全不同意 ②非常不同意 ③不同意 ④中立 ⑤同意 ⑥非常同意 ⑦完全同意

4. 在进行网购时，亚马逊网站是我的第一选择( )。

①完全不同意 ②非常不同意 ③不同意 ④中立 ⑤同意 ⑥非常同意 ⑦完全同意

5. 我以后会更多地在亚马逊网站上进行购物( )。

①完全不同意 ②非常不同意 ③不同意 ④中立 ⑤同意 ⑥非常同意 ⑦完全同意

十二、消费者独特性需求

（一）创造性选择的逆反

1. 我常常寻找独一无二的产品或品牌以创造一种属于我自己的风格( )。

①完全不同意 ②非常不同意 ③不同意 ④中立 ⑤同意 ⑥非常同意 ⑦完全同意

2. 在购买商品时，我的重要目的之一就是要找到能代表我的独特性的东西( )。

①完全不同意 ②非常不同意 ③不同意 ④中立 ⑤同意 ⑥非常同意 ⑦完全同意

3. 我常常把我所拥有的东西（如帽子、衣服、鞋子和包包等）组合起来使用，以建立一种属于我自己的无法被复制的个人形象( )。

①完全不同意 ②非常不同意 ③不同意 ④中立 ⑤同意 ⑥非常同意 ⑦完全同意

4. 我通过购买特殊的产品或品牌积极塑造我个人的独特性( )。

①完全不同意 ②非常不同意 ③不同意 ④中立 ⑤同意 ⑥非常同意 ⑦完全同意

5. 我最喜欢的产品与品牌是能表达我个性的产品与品牌(　　)。
　　①完全不同意　②非常不同意　③不同意　④中立　⑤同意　⑥非常同意　⑦完全同意

（二）非主流选择的逆反

1. 即使会冒犯他人，我也常常采取非传统的方式打扮自己(　　)。
　　①完全不同意　②非常不同意　③不同意　④中立　⑤同意　⑥非常同意　⑦完全同意

2. 我很少购买其他人认为正确的东西(　　)。
　　①完全不同意　②非常不同意　③不同意　④中立　⑤同意　⑥非常同意　⑦完全同意

3. 就我所购产品与使用它的场合来说，我常打破传统规则(　　)。
　　①完全不同意　②非常不同意　③不同意　④中立　⑤同意　⑥非常同意　⑦完全同意

4. 我喜欢通过购买他们可能不太接受的商品来挑战我所认识人群中的主流品位(　　)。
　　①完全不同意　②非常不同意　③不同意　④中立　⑤同意　⑥非常同意　⑦完全同意

5. 在我与众不同地着装打扮时，我通常知道其他人会觉得我奇怪，但我并不在乎(　　)。
　　①完全不同意　②非常不同意　③不同意　④中立　⑤同意　⑥非常同意　⑦完全同意

（三）回避相似性

1. 我不喜欢已被普通消费者接受与购买的产品或品牌(　　)。
　　①完全不同意　②非常不同意　③不同意　④中立　⑤同意　⑥非常同意　⑦完全同意

2. 当我已拥有的商品开始流行时，我就会减少对它的使用(　　)。
　　①完全不同意　②非常不同意　③不同意　④中立　⑤同意　⑥非常同意　⑦完全同意

3. 对于我所了解的产品或品牌，如果大家都购买，我就会回避它(　　)。
　　①完全不同意　②非常不同意　③不同意　④中立　⑤同意　⑥非常同意　⑦完全同意

4. 一般来说，我不喜欢人人都经常购买的产品或品牌(　　)。
　　①完全不同意　②非常不同意　③不同意　④中立　⑤同意　⑥非常同意　⑦完全同意

5. 我所购买的服装一旦开始流行，我就不再穿它们了(　　)。
　　①完全不同意　②非常不同意　③不同意　④中立　⑤同意　⑥非常同意　⑦完全同意

十三、个人信息

1. 性别(　　)。
　　①男　　②女

2. 每月用于网购的开支(　　)。
　　①100元以下　②100—500元　③500—1000元　④1000元以上

3. 在亚马逊上进行网购已有(　　)时间。

　　①三个月以下　②三个月～一年　③一年以上

4. 登录亚马逊网站的频率(　　)。

　　①一两天登录一次　②每周登录一次　③较少登录

5. 使用亚马逊的推荐系统的频率(　　)。

　　①经常使用　②偶尔使用　③几乎不用

后　记

　　本书源于我在中央财经大学攻读博士学位期间，与现中央财经大学商学院市场营销系系主任王毅副教授的一项科研合作。当时，舍恩伯格和库克耶（Mayer‐Schönberger，Cukier，2013）的《大数据时代》一书正在热销，而推荐系统正是在大数据的时代背景下诞生的。我和王毅副教授一起阅读了很多相关论文。由于推荐系统是一个年轻的研究领域，国内研究较少，因此我们阅读的文献以英文文献为主。为了更深入地理解这些文献的思想，我们对一些经典的英文文献做了全文翻译，如肖和本巴萨特（Xiao，Benbasat，2007）的 *E‐commerce product recommendation agents：use，characteristics，and impact* 一文。这项工作是辛苦的，我们花了整整一个暑假的时间，译文近 9 万字。

　　通过大量的文献研究工作，我们发现推荐系统研究的一个主要缺口：大部分研究集中在推荐系统的算法优化，即如何提高推荐信息的准确性等；而少有研究基于消费者视角，探索推荐系统对消费者的营销效果。发现这一非常有前途的研究领域之后，我们俩都非常兴奋！之后，我们每周都进行讨论，产生了很多新奇的想法。我们将这些想法汇总，撰写了一篇文献综述类论文《基于消费者体验的网络推荐系统研究综述》，并在 JMS 中国营销科学学术年会暨博士生论坛（2013）上做了报告。

　　博士毕业之后，我进入北方工业大学经济管理学院工作，主要从事市场营销、消费者行为方面的教学与科研工作。我和王毅副教授合作的这项科研工作一直在继续，并且撰写与发表了一系列学术论文。其中：《消费者愿意采纳推荐吗？——基于信息系统成功‐技术接受模型》发表在《中央财经大学学报》2016 年第 7 期上；《网络推荐系统对消费者的营销效果——技术接受模型视角》发表在《中国流通经济》2016 年第 2 期上；《消费者视角下的推荐系统研究》即将在《企业经济》上发表。本书是对上述研究成果的总结、深化和进一步扩展。

杨一翁

2016 年 8 月 2 日于北方工业大学励学楼